Jean Pouëssel

Haïr vite et bien

Éditions ouest france

À Gabrielle, Hippolyte, Jules-Édouard
pour tout ce qu'ils sont

I

Madeleine s'abat sur le dos, haletante, en sueur, et porte une main légère et perlée d'humidité sur sa poitrine encore frémissante, tout en jetant un regard narquois au corps étendu à ses côtés dont elle devine, dans l'obscurité, les formes musculeuses. Elle tend la main vers la table de nuit, attrape une Vogue menthol longue qu'elle allume à l'aide du Zippo retrouvé dans les affaires d'Igor Magnificat. Elle caresse le métal un peu froid de son objet fétiche et sent l'inscription que son père a fait graver lors de sa préparation au Prytanée national militaire de La Flèche dans les années 2000 : *Corniche Brutionne*. Elle a enterré son père cinq ans auparavant, réduit à rien par un double cancer des poumons et du foie, ce qui constituait, avec une médaille militaire glanée dans une opération extérieure en Asie du Sud-Est, le triptyque dominant de sa vie : bourbon, tabac, action.

Elle perçoit un léger sifflement et se tourne. Elle observe un moment le corps étendu près d'elle. Déjà, il semble dormir. Elle hésite. Doit-elle lui dire de se lever et de partir, ou bien l'accepte-t-elle encore dans son lit jusqu'au matin ? D'un côté, elle serait plus tranquille s'il déguerpissait tout de suite pour disparaître de sa vie aussi rapidement qu'il y est entré. Et puis, elle ne se sent pas de subir une discussion oiseuse devant un café au petit matin dans sa cuisine. Par facilité, elle décide pourtant de ne pas le déloger. C'est trop compliqué de préparer une exfiltration à 3 heures du matin. Elle attrape son oreiller et va s'étendre sur le divan. Elle sourit en pensant à ses amies lui racontant toujours la même histoire de ces types levés dans un bar ou sur une application quelconque, qu'elles ramènent à la maison pour une partie de jambes en l'air et qui, sitôt leur affaire terminée, se lèvent du lit pour se carapater en douce. En ce qui la concerne, il faut toujours qu'ils s'incrustent ! Madeleine se redresse, saisit un bout de papier sur lequel elle écrit trois lignes inspirées de sa rencontre avec celui qui occupe actuellement son lit. Un de ces petits commentaires à chaud qui la fera sans doute sourire dans quelques mois quand elle tombera dessus. Puis, sur la table basse, elle attrape machinalement un de ces vieux magazines féminins qu'elle achète aux puces. On y relate les aventures de femmes couguars, on y décrit des défilés de mannequins réels… Des vedettes aux tenues incroyables et aux coupes de cheveux saisissantes d'extravagance remplissent des pages entières. Tout le monde est mince, à la limite de la maigreur et personne n'ose sourire. Pour se donner un petit air sérieux et apporter un semblant de fond à l'hebdomadaire, on y fait état des avancées en matière de droits de la femme dans la société. Un article relatant les progrès en matière de parité hommes-femmes la fait sourire de bout en bout. *La préhistoire*, pense Madeleine, légèrement moqueuse. Elle allume une nouvelle cigarette, repose le magazine et va se servir un verre de citronnade à la fontaine. *Bon, je lui ai laissé suffisamment de temps, il doit être regonflé à bloc*, se dit-elle en laissant tomber son peignoir sur le sol. Elle entre dans la chambre, écrase sans patience sa cigarette dans le cendrier et s'assied délicatement à califourchon sur le bassin de son inconnu qui émet un soupir.

***

Incapable de trouver le sommeil, Madeleine médite, assise sur un tabouret haut dans sa cuisine aux meubles disparates issus, pour la plupart, de la récupération. Elle caresse avec une certaine nostalgie sa jambe nue. Sa pilosité a été totalement vaincue quelques années auparavant. Son éradication définitive lui a paru formidable sur le moment. Pourtant, le côté irréversible de l'acte la chagrine un peu. *Rendre une chose irrémédiable, c'est créer une prison*, pense-t-elle en citant l'intervenant vedette de la chaire de philosophie virtuelle de Québec dont elle suit le cours chaque dimanche matin avec assiduité. En fond sonore, la chaîne d'informations continue de déverser son flot ininterrompu de nouvelles. Pour la quatrième fois, Madeleine entend les nouvelles dans le même ordre et sur le même ton « la mort probable du spéléologue enfoncé dans un boyau à deux cents mètres sous terre en Ardèche, la joggeuse violée, ou peut-être pas, selon les avancées et reculades de l'enquête et les points de vue du procureur, des psychiatres, des journalistes et de tous ceux qui ont quelque chose à dire un mercredi de mars et, enfin, l'échec de la campagne de sensibilisation du ministère de l'Intérieur sur le désarmement dans les zones périphériques sensibles. « *Lâche ta kalache !* » intime vainement le dernier spot diffusé sur tous les intrants de communication personnalisée. Seulement sept mille armes récupérées en treize mois : le fiasco est total et met la jeune ministre sur la sellette vis-à-vis de la Première ministre et de l'opinion publique. Elle laisse son regard s'attarder sur le miroir incrusté dans la porte du réfrigérateur. Il lui renvoie le reflet d'une femme à l'âge indéterminé, entre 30 et 40 ans. Elle a retrouvé la couleur naturelle de ses cheveux. Blonds. Elle regrette ses opérations chirurgicales d'embellissement. Par certains côtés, elle ressemble désormais à toutes les autres. Seul son nez continue de la satisfaire. Il a du caractère.

Elle n'a pas vu entrer l'homme qui vient de partager sa nuit. Il se tient dans l'embrasure de la porte, une main ferme posée sur le chambranle. Il est nu, trapu, entièrement épilé, avec des jambes légèrement pliées qui laissent saillir des muscles découplés. De nombreux éclaircissements consécutifs à un détatouage généralisé apparaissent sur son corps. Il est plus jeune que Madeleine, pas franchement beau, et même disgracieux par certains côtés, mais tellement bien planté qu'elle frémit devant cette matière virile brute. Il a le pied grec, ce qu'elle n'a pas remarqué auparavant. Elle fixe un instant son sexe ramassé qui semble flotter entre ses jambes comme un appendice perdu, presque déconnecté du corps. L'ensemble dégage un puissant sentiment de force qu'elle contemple subjuguée. Elle ne peut réprimer un léger frémissement d'excitation. Pourtant, un détail la fait tiquer. Quelque chose semble en trop dans le panorama ! Dans la main droite de l'homme, elle reconnaît un vieux magazine féminin provenant du salon. Il l'a roulé pour en faire un tube à peu près rigide. Madeleine est également surprise par le regard de l'homme. Il a perdu la douceur et l'envie qui l'ont animé toute cette nuit. Dans ses yeux brille désormais cet éclat qu'elle a tant détesté chez… Elle ne va pas jusqu'au bout de sa pensée. Il s'approche lentement d'elle, d'un pas souple, en faisant saillir les muscles de son torse comme s'il se préparait pour une épreuve physique puis, parvenu à sa hauteur, il s'arrête et affiche un sourire énigmatique que Madeleine n'a pas le temps de trouver incongru. Ensuite, c'est le chaos. Madeleine ne discerne plus que des éclairs de mouvements. Il lui assène à l'aide du magazine un coup ample et maîtrisé sur le visage à la manière d'un revers au tennis, ce qui a pour effet de la faire chanceler. Madeleine profère un cri sourd de surprise et de souffrance, puis l'homme porte une deuxième fois la main sur elle, la faisant chuter lourdement sous l'effet de la douleur. Elle plaque les mains sur son visage pour se protéger et, à travers ses doigts, ne peut distinguer qu'un sexe se balançant de droite à gauche entre des jambes arque-boutées et les fragments d'une explosion de violence.

— Arrête ! Je t'en supplie, arrête ! implore-t-elle d'une voix brisée.

Elle gît désormais à terre, recroquevillée sur le carrelage glacé. Il lui place dans les côtes un coup du plat du pied avec toute la force et l'amplitude que l'exiguïté de la cuisine lui permet. Madeleine entend le craquement d'une côte qui cède en même temps qu'elle a le souffle coupé. Elle baisse ses mains pour les porter à son ventre et croise le regard de son agresseur. Il sourit, d'un sourire affirmé, franc, à la limite de l'hilarité. Elle le voit encore saisir le tabouret sur lequel elle reposait paisiblement une minute auparavant et, très lentement, comme s'il y avait quelque chose à savourer dans cet acte, le lever au-dessus de son corps meurtri pour, d'un geste sec et violent, le lui faire retomber sur le crâne.

— Salope ! entend-elle encore avant de sombrer dans le néant.

II

John-John Séquoïa arpente la terrasse d'un pas lent en desserrant l'étreinte de son col de chemise. Pour la septième année consécutive, le mois de mars bat tous les records de chaleur. Il s'approche de la rambarde et pose son regard sur la ville. Au loin, à la verticale de la coulée verte, il peut discerner le ballet des zeppelins taxis acheminant les voyageurs vers la gare. Séquoïa baisse les yeux vers la rue. Il entend battre la vie en bas, mais n'en discerne pas l'activité dissimulée par la végétation luxuriante des arbres et des treilles. La déminéralisation de la ville a porté ses fruits, Séquoïa a le sentiment d'habiter le cœur d'une cité maya. Il consulte rapidement ses messages. Salomon Bolo, son pisteur localisé à Nantes, lui rend compte de ses recherches sur la disparition d'une adolescente. La fugueuse le balade depuis six mois à travers toute l'Europe. Elle lui donne du fil à retordre, mais il la rattrapera, Salomon est l'un de ses meilleurs éléments, un pitbull doté d'un flair hors pair. John-John regarde rapidement ses tableaux comptables, fait la grimace, s'ébroue et rappelle tous ses contacts géographiques. Il faut les motiver, qu'ils fassent remonter des affaires, qu'ils s'activent. Une agence comme la sienne ne peut pas faire de surplace sous peine de laisser la place à la concurrence. Une trentaine d'agences de pisteurs subsiste dans le pays dont six pour le Grand Ouest, loin des trois cent cinquante qui fleurissaient lorsqu'il a débuté douze ans auparavant.

Un léger signal aux tonalités métalliques se fait entendre derrière lui, suivi d'un bref silence. Puis l'avertisseur retentit à nouveau, sensiblement plus fort. En guise de réaction, Séquoïa cligne des yeux avant de diriger son regard vers Notre-Dame-en-Saint-Melaine qu'on distingue au loin. Le signal s'amplifie, devenant incommodant. Il pivote. Face à lui, l'hologramme d'une femme aux cheveux bruns coiffés très courts apparaît de plain-pied, un sourire retenu aux lèvres, figée, dans l'attente d'être activée. Elle porte une de ces toges colorées ridicules dont la mode persiste depuis quelques mois déjà, comme un hommage à la simplicité et à la sagesse des anciens. Séquoïa fronce les sourcils, se demandant qui est cette femme. Il l'a déjà vue, cela ne fait aucun doute, mais où ? « Réception ! », finit-il par concéder, intrigué, en donnant aussitôt vie à l'hologramme.

— John-John Séquoïa ?

Il acquiesce sans un mot.

— Je suis Aurora Kraft et je dirige le service de communication de Rennes Métropole.

Séquoïa ne peut réprimer un sourire. Il se souvient à présent. Aurora Kraft a été particulièrement présente sur les réseaux sociaux quelques mois auparavant lors de l'épisode scandaleux de la vente de l'hôtel de Blossac à la *Caribbean Bank.*

— Nous nous sommes parlé une fois, je crois, interroge sa visiteuse.

— Ah ? s'étonne Séquoïa.

Aurora Kraft-Meyer émet une petite moue offusquée, visiblement surprise de ne pas avoir été remarquée.

— C'était juste avant le scandale des zeppelins taxis. Vous aviez souhaité rencontrer Zac Cloadec et…

John-John se souvient à présent. Cloadec avait été le directeur des transports à la métropole. Un poste éminemment stratégique. Seuls ses services avaient autorité pour établir les plans quotidiens de circulation motorisée et délivrer les autorisations provisoires d'emprunt des voies, routes et rues de la métropole. Mandaté par une association de citoyens-vigies, Séquoïa avait longuement enquêté pour parvenir à prouver ce que tout le monde pressentait. Le service de Cloadec était rongé jusqu'à l'os par la corruption. L'attribution des autorisations reposait sur un système sophistiqué de passe-droits. En quelques années de pratique, l'adjoint avait amassé une fortune considérable. Finalement, Cloadec avait préféré sauter d'un zeppelin plutôt que d'être rattrapé par la justice. On avait retrouvé son corps disloqué entre les branches d'un saule pleureur plus de deux jours après.

— Je me suis permis cette intrusion chez vous parce que le président a émis le souhait de vous rencontrer.

Séquoïa quitte la terrasse, suivi par l'hologramme. Il referme la porte de la baie vitrée derrière lui et appuie sur le bouton de mise en marche de la climatisation. D'une pichenette, il dispose son divan à coussin d'air face à Aurora Kraft-Meyer et s'y assied.

— Vous voulez dire, le président de la métropole ou celui d'*UbiKus* ?

— Le président de la métropole, répond Aurora Kraft-Meyer devenue tout à coup très sérieuse. *UbiKus* est désormais présidé par sa fille, je suis certaine que cela ne vous a pas échappé.

John-John surprend dans sa voix une inflexion agacée, mais il sourit de la nuance qu'elle veut apporter dans ce mélange des genres.

Aurora fronce les sourcils semblant rechercher les mots les plus adaptés, avant de poursuivre :

— Le président ne vous en veut pas des efforts que vous avez déployés dans l'affaire Cloadec et des légers désagréments qui ont suivi.

Il ne manquerait plus que ça, pense Séquoïa en souriant intérieurement.

— Cela ne lui a rien coûté finalement. Peut-être quelques points d'indice de satisfaction et la méfiance accrue de certains électeurs qui n'auraient de toute façon pas voté pour lui, mais rien de plus. Les gens continuent de l'aimer parce qu'il incarne le présent mais aussi le futur dans ce qu'il a de meilleur, parce qu'il est sérieux, volontaire et…

— Je vous en prie, l'interrompt Séquoïa avec un soupir de lassitude, la politique ne m'intéresse pas.

— Le président souhaite vous rencontrer, reprend Kraft-Meyer avec un large sourire dont l'effrayante vacuité peut tout aussi bien signifier *j'ai de l'empathie pour toi*, ou *je ferai tout pour te détruire*. Il pense que vous seriez à même de le conseiller sur un dossier.

Pour le coup, Séquoïa éclate de rire et se relève. Il se trouve désormais face à la communicante du président, à quelques centimètres de ses yeux aux reflets verts. La dernière génération d'hologrammes est littéralement bluffante.

— Vous me charriez ? Quel dossier pourrait ne pas être géré par les équipes pléthoriques du président ? Je crois savoir qu'*UbiKus* n'externalise pas.

Déplorant une trop grande proximité avec le pisteur, Aurora Kraft-Meyer a regagné un peu d'espace vital en reculant de deux pas. Un silence suit. Elle se contente de le regarder fixement.

— Je n'en sais pas beaucoup plus, finit-elle par dire, mais j'imagine qu'il doit s'agir d'une affaire importante et sensible, suffisamment exceptionnelle en tout cas, pour ne pas l'engager à mobiliser ses propres équipes.

La petite lueur d'assurance qui vrillait son regard jusqu'à présent vacille faiblement. Elle parait gênée de n'être pas plus informée que cela. Son patron sait cloisonner pour ce qui concerne les affaires importantes, aucun doute là-dessus. Séquoïa la dévisage, puis s'attarde sur son corps. Elle ondule très légèrement. Les ingénieurs d'*UbiKus* ont encore quelques progrès à effectuer en matière de stabilisation pour rendre leur dernière génération d'hologrammes parfaite. Il se reprend aussitôt.

— Je ne peux pas penser que vous soyez si peu informée par votre patron ou alors il ne vous fait pas totalement confiance, assène-t-il pour tenter de reprendre la main.

— Je vous promets que je ne sais rien de l'objet de cette invitation. J'ai simplement la mission de vous convaincre.

— C'est pour cela que l'on m'envoie les plus beaux yeux de la métropole ?

Elle ne prend pas la peine de répondre, se contentant de glisser vers la vitre et l'horizon aux mille nuances de vert qui s'offre à perte de vue.

Séquoïa se mord la lèvre. Il vient de franchir allègrement les limites du code Maurin définissant les relations virtuelles appropriées à respecter entre individus.

— Ce que j'ai du mal à saisir, dit-il en se ressaisissant, c'est l'intérêt qu'a votre patron de s'adresser à moi. Avec son aréopage de conseillers, sa force de frappe financière et sa capacité de mobilisation, je conçois difficilement quelle expertise il peut bien attendre d'un modeste pisteur comme moi.

— J'imagine que la ténacité avec laquelle vous avez conduit votre enquête dans l'affaire Cloadec vous a placé en tête de la liste des gens à contacter. Que dois-je lui répondre ?

John-John hésite longuement, mais rien ne s'oppose raisonnablement à cette rencontre. Et puis, il ne peut décemment pas se permettre de passer à côté d'un contrat juteux avec un groupe économique de cette importance.

— Dites-lui que je peux le rencontrer demain soir. Après je ne pourrai pas.

Cet ultimatum, destiné à l'un des hommes les plus influents et les plus occupés du pays, doit permettre à Séquoïa de vérifier l'intérêt réel que lui porte le président.

— Le président reçoit demain au pavillon *One Forest*. C'est un événement privé.

Elle marque un temps d'arrêt.

— Il réunit pour la première fois son comité de contributions financières. Les élections sont dans dix mois… Je pense qu'il pourra vous recevoir à cette occasion. Je vous transmets un passe VIP.

Séquoïa la salue puis éteint la borne de réception.

III

Le lieutenant Chrysostome se tient sur un tabouret haut, à l'entrée de la cuisine, le dos appuyé contre le mur, le corps entièrement recouvert d'une combinaison blanche pour ne pas polluer les lieux. Seule une petite mèche rebelle de cheveux bruns dépasse de la capuche. Il observe la scène avec toute la concentration possible. Le corps gît face au sol, dans une posture odieuse. Il y a très peu de sang finalement, à l'exception d'une plaie à la tête et d'une autre à la lèvre supérieure qui a éclaté sous la violence des coups. Il semble que l'essentiel du liquide sanguin se soit épanché à l'intérieur de son crâne sans trouver la sortie. Un tabouret similaire à celui sur lequel repose Chrysostome est à terre. Sur son dossier, on peut distinguer un peu de sang sur lequel reste collé un petit amas de cheveux blonds. La victime est vêtue d'un tee-shirt blanc maculé d'une kyrielle de petits points rouges qui forment comme une de ces peintures du XXe siècle. *Un Jackson Pollock pointilliste*, dérive-t-il en pensée. La partie inférieure du corps, dénudée, laissait entrevoir la courbure de ses fesses ainsi qu'une partie de son sexe.

— Vous la recouvrirez dès que vous aurez terminé, lance-t-il à la cantonade, gêné par la scène.

Il l'est d'autant plus que les circonstances tragiques n'arrivent pas à dissimuler l'étrange beauté qui émane de la victime. Pâle de visage, elle ressemble à ces poupées de porcelaine qui tenaient compagnie aux petites filles des siècles passés, sauf que le rouge de ses joues a désormais disparu. Mahmouti, son binôme de l'identité judiciaire, fait le boulot avec des gestes automatiques. Là réside le secret d'une enquête réussie : être machinal, précis, ordonné. Comme le commandant de bord qui s'apprête à décoller en respectant la check-list, les techniciens de la police judiciaire suivent toutes les étapes du prélèvement et de la reconnaissance à la lettre. Chrysostome est arrivé deux heures auparavant. En attendant Mahmouti, il a tenté de comprendre ce qui a pu arriver. À l'école des officiers de police, il obtenait toujours les meilleures notes en la matière. Il possédait une manière bien à lui de procéder. Elle datait du jour où il avait effectué son premier stage d'intégration à l'école des officiers supérieurs à Saint-Cyr au Mont d'Or, près de Lyon. Un appartement reconstitué servait aux mises en situation des scènes de crimes. Les technologies les plus sophistiquées n'y suffisaient pas, l'œil et l'intuition restaient les atouts les plus efficaces d'un enquêteur. Du haut des passerelles qui surplombaient la scène, les élèves pouvaient observer leurs collègues œuvrer et progresser dans leurs analyses et déductions. Depuis, Chrysostome fait toujours un effort d'abstraction et se projette au-dessus de la scène de crime dont il a la charge. Cela l'aide à cheminer. Ainsi, il peut mieux imaginer les déplacements des protagonistes sur les lieux du crime, comprendre comment une scène de vie domestique peut basculer subitement dans le drame et l'horreur. Dans le cas présent, deux repères précis font converger son esprit vers un point. La chambre et la cuisine. S'il devait résumer : la chambre a connu une grande activité sexuelle à en juger par le désordre des draps et les accessoires qui composent autant de vestiges d'une nuit débridée, tandis que la cuisine a constitué le lieu d'un défoulement de violence aveugle. Entre les deux, que s'est-il passé ? Chrysostome n'a pas beaucoup de principes dans la vie, mais il en respecte pourtant un à la lettre : tant qu'une enquête n'est pas définitivement close, rien n'est jamais acquis et toutes les hypothèses conservent leur validité. Souvent, le préjugé ou la mauvaise idée de départ enlise un dossier, ou pire, l'empêche d'aboutir. Pourtant, aujourd'hui, depuis son tabouret, la scène qu'il a sous les yeux ne paraît pas poser beaucoup de questions. Sa lecture est d'une simplicité biblique. Il évacue les mobiles habituels : la dispute amoureuse enragée, le crime crapuleux, le viol… La nature du crime se révèle dans toute sa terrible vérité. Un cyclone semble simplement être passé par là. Son intuition profonde lui laisse à penser qu'il a affaire à un cinglé de la dernière espèce. Il actionne son téléphone corporel et appelle Térébenthine M'Ba, la cyber-documentaliste de la police judiciaire.

— Tu laisses tout en plan, assène-t-il sans préambule, j'ai une urgence. À partir de maintenant, tu explores tous les fichiers, tu écumes toutes les archives pour chercher les meurtres de femmes répertoriés ces cinq dernières années… Étends tes recherches à la planète. Ne te contente pas de l'Europe.

— Bien pris ! entend-il pour simple réponse.

Il peut lui faire confiance, M'Ba ne brade jamais sa réputation de véritable sangsue. Son travail représente tout pour elle et elle a fait l'impasse sur le reste – vie sentimentale, activités extra-professionnelles… – avec une facilité déconcertante. En réalité, Térébenthine ne trouve son bonheur que dans le fait de fouiner des heures et des heures dans tous les fichiers accessibles à la PJ. Elle s'engage toujours dans ses recherches avec la foi chevillée au corps. De poussières d'indices, elle arrive à faire une synthèse qui tient toujours la route et, au bout de son travail, jaillit très souvent la vérité.

Mahmouti a disposé des bandes millimétrées qui permettront plus tard d'avoir l'échelle de ce qu'il a capturé. Il prend des plans larges puis resserrés, s'attardant longuement sur le corps de la victime. Chaussé de lunettes-photographiques, il cligne des yeux une bonne centaine de fois pour prendre tout l'appartement. Puis il attrape, dans une des mallettes rouges contenant tout son matériel, un faisceau de reconnaissance avec lequel il entreprend de filmer à nouveau tout ce qu'il vient de photographier. Passant de pièce en pièce, il commente d'une voix froide et monocorde ce qu'il voit. Pendant ce temps-là, un autre technicien consigne sur sa tablette toute la scène dans les moindres détails.

S'il n'y avait pas le carcan de la procédure, Chrysostome pourrait s'épargner quelques étapes compte tenu du nombre particulièrement important de traces visibles à l'œil nu dans l'appartement.

Le technicien dépose dans des sachets en papier une quantité innombrable d'indices supposés : deux coupes de champagne près du lit ainsi que la bouteille *Nicolas Feuillatte Brut Grande Réserve* qui va avec, des prélèvements sur les draps, sur les taies d'oreillers, sur le sol, dans les toilettes. À la fin, il prend les draps du lit, les replie et les enfourne dans un sac plus grand. Dans la cuisine, à proximité du corps, il saupoudre le sol de poudre d'aluminium et révèle une empreinte de pied dont il prend aussitôt le moule.

— Pied grec ou égyptien. Encore un indice, lance-t-il à la cantonade. Si on continue comme ça, on mettra ce salaud au frigo dès ce soir.

Rien n'est moins sûr, pense Chrysostome en se levant. Avec précaution, il glisse vers le frigo et ramène du bout du pied un magazine qui traîne par terre.

— Tiens, fait-il au technicien, ajoute ça dans ton grand sac à prélèvements.

Il sort ensuite de la cuisine pour s'approcher de la fenêtre du salon quand il reçoit l'appel d'Ernesto Ramirez, son supérieur, chef de la brigade territoriale de police judiciaire qui vient aux nouvelles. Sans préambule, sur un ton monocorde, le haut gradé entame une série de questions directement liées à l'homicide avant de lui demander de contacter le substitut de la procureure de la République. Chrysostome s'exécute mais ne réussit à le joindre qu'une vingtaine de minutes plus tard.

— Je vous appelle pour vous rendre compte de l'état d'avancement de l'enquête dans la tour Vérone. La victime, journaliste indépendante de profession, a selon toute vraisemblance été battue à mort. De nombreuses traces ont été prélevées sur place. Si elles appartiennent au tueur, nous aurons tôt fait de le coincer.

— Ne négligez pas l'enquête de voisinage, répond une voix dont les accents condescendants semblent assumés. Ce meurtre particulièrement odieux doit être instruit de manière exemplaire.

— Comme toujours, monsieur.

Chrysostome se pince les lèvres pour s'empêcher de soupirer. Même quand les relations ne sont pas mauvaises avec la justice, il faut toujours ce petit rapport de force. *On sait que c'est toi qui commandes, mon vieux !* a-t-il envie de répondre à son interlocuteur.

— Tous les moyens seront mis en œuvre pour obtenir des résultats rapidement, soyez-en persuadé, ajoute-t-il.

Le substitut raccroche en bredouillant ce que Chrysostome prend pour un remerciement. Il ne lui reste plus qu'à débuter les entretiens avec les voisins directs de Madeleine Magnificat, tandis que Mahmouti ira prélever dans les loges des gardiens toutes les informations numériques utiles.

IV

L'ascenseur panoramique descend les quarante étages de l'immeuble avec une rapidité vertigineuse. Une fois par semaine depuis deux ans, John-John Séquoïa traverse à pied le district sud-est de la métropole pour aller rendre visite à Dupont dans son appartement médicalisé au bord de la Vilaine. Malgré son grand âge, Dupont est son filleul de génération. La contrainte réglementaire qui impose à John-John de lui rendre visite tous les deuxièmes lundis de chaque mois se révèle finalement un petit plaisir renouvelé, tant la compagnie du vieil homme ne lui est pas désagréable. Dupont a pris le parti d'entretenir des relations humaines franches et sans intermédiaire et à ce titre, n'a jamais permis qu'on lui envoie un hologramme. John-John a dû se résoudre à accepter le caprice de son filleul.

John-John est un marcheur. Il n'effectue aucun déplacement en transports en commun. Il profite de ses déplacements pour prendre le pouls de la ville et en observer les changements. Même si cela semble une illusion, il se sent moins épié en se déplaçant à pied. Il sait pourtant que s'il prenait l'idée saugrenue à quelqu'un, au poste de commandement de la police, de consacrer une semaine ou même une journée à le suivre, il pourrait retracer la totalité de ses déplacements dans ses plus infimes détails. Quelques années auparavant, un cabinet spécialisé avait révélé que personne ne pouvait rester invisible plus de treize secondes dans les rues de Rennes. Pour changer, il décide d'emprunter les passages aériens. Il est surpris de remarquer que certaines parties de la ville n'ont pas encore été nettoyées par les agents de la *Coginet*. À vingt mètres au-dessus du sol, les nuisances olfactives ne sont pas encore décelables mais les tas d'immondices qui commencent à se former plus bas laissent présager le pire.

John-John privilégie rarement les couloirs aériens car ils allongent tous les itinéraires. *A contrario*, ils offrent un point de vue original sur la ville. Une fois tous les immeubles rehaussés de plusieurs étages de bois et les rues déminéralisées, la ville a retrouvé, vue du ciel et à peu de choses près, sa physionomie de l'époque du Néandertalien. C'est-à-dire celle d'une forêt. Les nostalgiques du béton et du goudron ont bien tenté de faire valoir leurs arguments, mais en vain. Un léger retour de balancier a toutefois eu lieu et certaines constructions nouvelles ont renoué avec le tout béton d'autrefois. Cela s'est fait de manière très marginale, comme une forme de ré-expérimentation. Pour autant, la réintroduction massive de la nature en milieu urbain n'a pas eu que des avantages. De nouvelles maladies ont fait leur apparition, véhiculées par les tiques et certains insectes, et le service de prise en charge des allergies, au centre hospitalier universitaire central, sollicite, avec le service gérontologique, l'essentiel des effectifs et des moyens engagés dans le secteur médical.

Devant l'immeuble de Dupont, il présente son œil devant l'interphone et entend le clic d'ouverture de la porte. Il traverse la cour plantée de palmiers des Canaries pour arriver jusqu'à l'ancien atelier d'artiste aménagé pour Dupont. Ce dernier l'attend, fermement arrimé à sa canne, le visage barré de ce large sourire qui emporte tout.

— Mon parrain ! s'exclame-t-il, légèrement narquois. Comme je déteste ce terme appliqué à notre relation. Les technocrates ne cesseront jamais de me consterner avec leurs trouvailles de langage.

La main est ferme et la phrase sûre, le regard vrille son interlocuteur. De ce qu'il en sait, Dupont a vécu intensément dans une débauche d'énergie, de paroles et de sentiments. Principal promoteur de sa vie, il n'a rien attendu de personne, passant de succès en échecs sans intermédiaire. Depuis, le rideau semble en partie être retombé, mais Dupont a gardé sa débordante, furieuse et complète foi en lui-même.

Le vieil homme paraît en pleine forme malgré quelques lenteurs dans les mouvements. L'appartement, immense, compte dix-sept pièces mais Dupont n'en occupe que trois ou quatre, les autres restant dans leur jus, figées dans un temps qu'on n'aperçoit plus que dans les documentaires et les vieux films. Sa famille possède cet appartement depuis la fin du XIXe siècle et cela tient du miracle s'il n'a pas encore été démembré et déstructuré par les vautours de la promotion immobilière. Pur produit rennais, Dupont connaît l'histoire de sa ville comme personne.

Son espérance de vie est estimée à 85 ans et six mois. Il fait du rab et se plaît à le dire. Mais la maladie l'a diminué. Une grande partie de ses organes internes est artificielle. Un changement d'aorte, un nouveau foie, des alvéoles pulmonaires reconstituées, ont fait de l'intérieur de son corps un véritable terrain de jeu pour les chirurgiens. Amélioré de clips en plastique, de poches de silicone, de valves, Dupont est désormais constitué à plus de dix-sept pour cent d'éléments rapportés. Sur le plan physique, s'il ne peut s'aligner sur ses camarades octogénaires qui ont toujours pratiqué un sport comme les pouvoirs publics le leur enjoignent fermement, il a en revanche de la mémoire, de la culture et de la vivacité intellectuelle à revendre. Très tôt, il a compris qu'il ne fallait pas se contenter de suivre les conseils institutionnels trop souvent orientés sur le bien-être physique. Beaucoup de ses camarades qui les avaient appliqués à la lettre se sont finalement retrouvés avec un corps en béton et une cervelle d'enfant. Quand il a reçu le message du sous-secrétaire d'État aux plus de 85 ans le désignant comme parrain de Dupont, John-John a immédiatement envoyé son hologramme à son filleul pour se présenter. Mais le vieil homme avait refusé de recevoir virtuellement son parrain, se contentant de lui expliquer par téléphone qu'une relation humaine digne de ce nom ne pouvait être fondée que sur la réalité. John-John lui avait rendu visite et le courant était immédiatement passé. Dernier libraire physique d'Europe, après avoir connu d'autres vies professionnelles sur lesquelles il ne s'attarde jamais, il a fermé sa boutique quatre ans auparavant. Les lecteurs sur papier se faisaient de toute façon rares et la clientèle de Dupont se réduisait finalement à une poignée de riches collectionneurs qui se déplaçaient parfois d'Amérique latine ou d'Afrique pour faire l'acquisition d'une édition originale. Il s'agissait principalement de vieux messieurs nés, pour les plus âgés, à la sortie de la Seconde Guerre mondiale. Lorsque l'un d'entre eux mourait, personne ne le remplaçait. En vingt années de métier, Dupont avait constitué la plus riche des collections privées de livres anciens et de grands papiers en Europe. Puis tout avait cessé brutalement. L'irruption des nouvelles technologies, le besoin irrépressible des foules de rester à la surface des choses avaient eu raison de son activité. Il n'y avait plus de place pour deux. Il fallait choisir : le livre ou l'autocélébration. Aujourd'hui, sa bibliothèque ne possédait plus qu'une valeur sentimentale. Le livre, devenu *has been*, avait vécu et seuls quelques décorateurs, certains ambianceurs et les habituels nostalgiques constituaient la dernière cohorte des lecteurs sur papier. Même le ministère des Arts non numériques rechignait à la reprise gracieuse du fonds de Dupont. La place et l'envie manquaient. *À quoi bon !* était devenue la réponse qui semblait transparaître chez tous ses interlocuteurs. Alors, il avait abandonné le combat, confinant sa passion au premier étage d'un immeuble parisien, ne s'autorisant plus que le droit de l'expertise, abjurant en quelque sorte sa passion pour ne plus avoir à souffrir de la vue du monde qui se recréait sans lui.

Chaque semaine, pourtant, Dupont choisit un livre dans le gigantesque bureau-bibliothèque qui occupe une centaine de mètres carrés et il donne lecture de quelques morceaux choisis à John-John sans jamais être sûr que ce dernier la reçoive avec le même plaisir que lui-même prend à la partager.

— Comment allez-vous mon ami ? demande-t-il en conduisant John-John vers le salon.

— C'est à vous que je devrais demander cela. Vous paraissez moins gêné dans vos déplacements ?

— Je me ménage, répond Dupont en lui proposant de s'asseoir sur le fauteuil *Miguel Carrera* à coussin d'air dont le côté vintage plaît particulièrement à John-John.

— Il n'y en a que dix-neuf exemplaires dans le monde, lui fait remarquer Dupont. J'y tiens comme à la prunelle de mes yeux. Je crois même que je donnerais tout Proust pour le conserver. Vous savez Proust, cet homme qui écrivait des livres, lascivement étendu sur son lit, ajoute-t-il, narquois.

Il leur sert un thé brûlant au lamier pourpre. John-John Séquoïa a du plaisir à discuter de tout et de rien avec un homme de la trempe de Dupont, si éloigné de sa vie. Il apprécie également de côtoyer un des fins connaisseurs de la métropole et de ses arcanes. Jadis, Dupont en a été l'un des édiles. Sa biographie évoque même le rôle important qu'il aurait tenu dans le développement du Rennes moderne une trentaine d'années auparavant, sans que son rôle ne soit jamais clairement précisé.

— C'est du passé, mon jeune ami, ne cesse-t-il de répéter lorsque John-John tente d'en savoir plus, c'est une vieille histoire. On croit désormais que j'ai fait des choses sensationnelles… Inventions ! Enflures et gonflements propres à notre époque superficielle. Les réseaux sociaux sont depuis trop longtemps déjà l'entonnoir de la bêtise.

Ce qu'apprécie par-dessus tout John-John dans la compagnie de son vieil hôte, c'est qu'aucune arrière-pensée n'anime plus Dupont. Il exprime simplement, sans prêche, ni calcul politique, des opinions qui donnent l'indication exacte de ce qu'il pense et ressent. Il s'est extrait avec une facilité déconcertante de ce politiquement correct qui a imposé un code relationnel si étroit qu'il a congestionné pour longtemps la pensée des sociétés modernes. Et ce qui étonne particulièrement John-John, c'est la manière dont ce vieux bonhomme, perpétuellement assis dans sa bibliothèque, faisant un usage si ascétique de la virtualité, peut en connaître autant sur le monde extérieur.

— Tout est là, dit-il souvent en pointant de son index un crâne lisse comme une boule de billard, tout ce qui passe ici, y est enregistré à jamais. Et avec ce petit trésor, je peux même comprendre comment fonctionne le monde d'aujourd'hui. C'est ma part de génie, en quelque sorte. Ma mère me disait que l'intelligence sans la mémoire, c'est comme être beau à moitié. Bon Dieu, j'ai les deux, je m'en félicite tous les jours.

— Le président de la métropole a demandé à me voir, lâche Séquoïa en reposant sa tasse de thé.

Il voit la paupière noirâtre de Dupont retomber doucement sur son dernier œil valide et ses mains se raidir sur ses cuisses.

— Je connais bien Déko-Marcus, dit-il en redressant régulièrement des épaules qui ne cessent de s'affaisser.

Tendant ses avant-bras chancelants sur les accoudoirs du fauteuil, il lève péniblement sa lourde carcasse pour se diriger vers une alcôve creusée dans le mur dont il ouvre la petite porte en bois peinte qui recèle un appareil à oxygène. Il place le masque sur son visage et inspire longuement tout en appuyant sur un bouton.

— On compte à peine une génération entre lui et moi. Il se maintient bien le bougre, on le croirait quadragénaire. Ce genre de type autocentré, confit dans l'égoïsme, a de la ressource, infiniment plus qu'on ne le croit. C'est un monstre d'orgueil, comme l'humanité en fabrique de temps à autre, un exemplaire parfait.

Dupont se tient devant John-John les jambes légèrement tremblantes, absorbé par le portrait qu'il dresse du *tycoon*.

— Au-delà des qualités qui l'ont amené à sa position dominante, Déko-Markus détient un avantage décisif sur ses contemporains. Il avance toujours dissimulé et son masque est celui de la séduction.

— À quel point dois-je me méfier de lui ?

L'ancien libraire ne peut refréner un grand éclat de rire qui résonne dans le bureau.

— Entendez-vous ce que je dis ! finit-il par dire dans un hoquet de joie. Ce que vous pouvez être naïf mon ami. Mais la réponse est définitive ; il faudra vous méfier de lui toujours, tout le temps, depuis le début et jusqu'à la fin. Cet homme pourrait bien voir s'écrouler la terre autour de lui qu'il trouverait encore le moyen de chercher à en tirer profit. Ne relâchez jamais votre vigilance avec lui, il vous le ferait payer très cher et vous n'auriez même pas le temps de vous retourner. Déko-Markus est un prédateur de la pire espèce à classer au même rang que le Taïpan du désert ou le tigre blanc. Mais dites-moi, que savez-vous exactement de lui ?

Séquoïa s'approche pour accompagner le vieil homme qui manifeste à présent l'intention de se rasseoir.

— À peu près ce que tout le monde sait. Gengis Déko-Marcus un brillant entrepreneur qui a créé une dizaine de sociétés, déposé en son nom près de cent vingt brevets dont les plus importants concernent la réalité déportée. L'entreprise *UbiKus*, aujourd'hui dirigée par sa fille Ultramarine, emploie deux cent trente mille personnes dans le monde et près de soixante mille sur le territoire national. Son avance technologique écrasante lui permet, chaque mois ou presque, de réinventer l'hologramme, rachetant ou annihilant toutes les entreprises qui afficheraient des ambitions dans le domaine. Cette position monopolistique n'est pas sans créer de fortes frictions dans certains pays, et nombreux sont les cabinets d'avocats qui se sont lancés, en vain jusqu'à présent, à l'abordage de Gengis Déko-Marcus et de son entreprise. Ce dernier s'est lancé tardivement en politique. Avec sa force de frappe économique et l'admiration que lui vouent le monde de l'entreprise et les minorités, il a été élu à la tête de la métropole il y a trois ans. Il compte briguer un deuxième mandat dans quelques mois et peut-être se présenter à la prochaine présidentielle.

Dupont dodeline de la tête avant de poser un œil lourd sur John-John.

— Dit comme cela, on pourrait penser que Déko-Marcus est un bienfaiteur de l'humanité, au parcours lisse et linéaire. Vous avez oublié certains faits bien connus qui ternissent le roman officiel que vous venez d'évoquer. Sachez que le mélange des genres ne lui a jamais fait peur. Vous êtes trop jeune pour vous en souvenir, mais le déploiement hégémonique des hologrammes dans le pays a été rendu possible grâce à son talent, certes, mais aussi et principalement parce que son goût développé de l'intrigue, son lobbying effréné, ses basses manœuvres en ont été les aiguillons décisifs. Après avoir forcé les portes de l'administration et les coffres des banques privées, il s'est attaché à conquérir le consommateur lambda. En l'espèce, il a réussi au-delà de ce qu'il pouvait imaginer. Bref, il a déployé ses tentacules partout où il le pouvait. Cet homme est un vampire, un homme sans scrupules qui mériterait que sa face noire soit davantage éclairée.

— Vous ne pouvez pas nier son génie, tente John-John. À lui seul, il a réglé certains problèmes qu'on croyait insolubles. Grâce aux hologrammes, il a asséché les sources de querelles, de conflits, de guerres, liées aux hydrocarbures. Plus personne ne se bat pour avoir la mainmise sur les champs pétroliers depuis que les besoins en déplacement motorisé ont été divisés par mille. Sur le plan environnemental, les populations des villes respirent mieux, la planète reverdit… Et puis, avec ses hologrammes, il a inventé la communication moderne. Il a relié les contraires, mis en contact des gens qui ne se seraient jamais rencontrés. Tous les timides, les incompris, les gens en souffrance osent se parler désormais. En cela, il a révolutionné, comme personne avant lui, les rapports entre les humains.

— Il a bien fait de porter son choix sur vous. Comme thuriféraire, vous vous posez un peu là, soupire Dupont dans un mouvement d'épaules maussade.

— Détrompez-vous, je n'apprécie pas cet homme, ou plutôt je ne l'admire pas. Je le trouve écrasant de suffisance et même déplaisant, mais à moins que vous ne me contredisiez, les génies tranquilles et bienfaisants ne courent pas les rues. S'il n'avait pas été doté de ce caractère odieux, il n'aurait certainement jamais créé un empire révolutionnaire.

Dupont se frotte longuement le visage de sa main battoir, laissant son œil mort reposer sur John-John. Sa lippe légèrement tremblante montre tout l'agacement qui ne demande qu'à poindre.

— Je dois admettre que vous parvenez à me blesser John-John. Je peux concevoir que l'hologramme soit un moyen de communication commode et générateur de facilités dans la gestion des relations commerciales et administratives, et je ne nie pas qu'il ait également quelques impacts positifs sur l'environnement, mais vous ne m'ôterez pas de l'idée que votre Gengis a mis un sacré bordel dans la hiérarchie des sentiments.

Dupont marque un temps d'arrêt, se lève à nouveau pour rejoindre son alcôve réparatrice.

— Cessons cette discussion. Passez-moi le livre devant vous, je vous prie. Aujourd'hui, je vous ai réservé une sélection particulièrement soignée. Connaissez-vous Flaubert ? demande-t-il en retrouvant un certain tonus.

— Vaguement

— Le contraire m'aurait étonné.

V

— Putain de ville ! lâche Chrysostome à haute voix en enjambant un petit monticule de détritus fétides.

Les employés de la *Coginet* ont finalement mis leur menace à exécution deux jours auparavant. Ils ont commencé leur grève au nord de la métropole, près du centre régional de tri et de transformation performant de Rouen, le plus grand entonnoir à ordures d'Europe. Puis, l'une après l'autre, les équipes de la *Coginet* ont rejoint le mouvement. Les revendications, à ce jour, ne paraissent pas encore affirmées. Toutefois, on évoque une augmentation mensuelle de cinq cents euros et l'accès à un hologramme de septième génération pour chaque employé.

Chrysostome arrive difficilement rue des Mariés-Morts. Au loin, des riverains autoproclamés citoyens responsables tentent de désengorger leur rue en poussant les immondices qui envahissent la chaussée à l'aide de grandes pelles. Ils viennent de monter un énorme tas répugnant devant la vitrine d'un magasin désaffecté d'articles de téléphonie mobile, ce qui a pour conséquence d'accumuler l'horreur sur une partie de la rue et de donner l'illusion de la netteté ailleurs. Ils offrent un masque hygiénique à Chrysostome qui l'accepte de bon gré. Un peu plus loin, un rat de petite taille commet l'affront de passer entre ses jambes et de s'arrêter net devant lui comme pour savourer sa provocation.

Il retrouve Mahmouti qui attend debout, les bras croisés, impassible, à quelques mètres de *La Vigie*. Le local occupe une petite douzaine de mètres carrés au pied d'un immeuble en verre très laid comme on savait les construire au début des années 2000. Toute la façade, à hauteur d'homme, est recouverte de graffitis revendicatifs. « *Achète les pâtes, vole le parmesan* », arrache un sourire à Chrysostome. Sur la vitrine, des écrans bleus diffusent la revue de presse des révélations les plus racoleuses de *La Vigie* depuis cinq ans : « *Troisième usine de méthanisation : le business du déchet urbain* », « *Ratachisme ou séparatisme, les nouveaux enjeux des élections* », « *Les nuits bicéphales de la métropole* », etc.

— Salut Jean-Moktar ! lance-t-il à son binôme en lui serrant énergiquement la main.

Jean-Moktar Mahmouti n'a pas la forme des grands jours. Un teint blême, d'immenses valises terreuses pochant ses yeux et de la sueur plaquée comme une fine couche de cire sur son visage, le rendent presque inquiétant. Il retourne doucement son salut d'une main un peu molle.

— Tu as ratissé les lieux ? demande Chrysostome sans s'attarder sur son état.

Mahmouti acquiesce sans un mot et fait signe de la main qu'il n'a rien trouvé. Chrysostome doit donner un léger coup d'épaule à la porte entrouverte pour qu'elle daigne s'ouvrir. Un local déprimant se présente à eux. Une tapisserie bon marché aux motifs imprimés, décollée par endroits, en recouvre les murs. Le mobilier, de bric et de broc, peut avoir été récupéré dans la rue ou bien être là depuis quelques décennies, au choix. Némus, accoudé à une petite table ronde en bois de hêtre pré-huilé, au-dessous d'un ventilateur branlant auquel il manque une pale, paraît accablé. La cinquantaine tout juste, de taille moyenne, il porte une vieille veste de costume à épaulettes couleur bleu électrique. Un chignon mal tenu tente de lui donner, en vain, un air cool. Le journaliste empeste l'alcool à plein nez. Au pied de la table, une bouteille de raki largement entamée lui tient compagnie.

— Bonjour monsieur.

Némus fixe Chrysostome tel un égaré, au point que le policier se demande s'il y a quelqu'un à l'intérieur de ce corps.

— Ça n'a pas l'air d'aller ?

— Si, pourquoi ? marmonne l'hébété en redressant légèrement la tête.

— Lieutenant Chrysostome de la police judiciaire. Je suis là pour vous poser quelques questions concernant le meurtre de Madeleine Magnificat.

Le corps s'anime légèrement dans un frémissement assez étrange et le visage de Némus esquisse une espèce de rictus très peu humain.

— J'ai déjà beaucoup parlé à vos collègues, finit-il par lâcher, la bouche visiblement pâteuse, et…

— Je sais, mais ce sont des questions sur les habitudes de Mme Magnificat que je souhaiterais vous poser, répond-il fermement.

Némus claque longuement sa langue dans la bouche à plusieurs reprises. Chrysostome demande à s'asseoir, conscient que l'entretien s'annonce particulièrement retors. Némus lui désigne d'un œil morne un siège de bureau noir très imposant sur lequel on peut s'asseoir, s'agenouiller et même se coucher. Chrysostome se souvient du publi-reportage vantant ce matériel. Il l'a reçu près de cent cinquante fois sur son module de communication.

— C'était le fauteuil de Madeleine. Ici, elle rédigeait ses articles. Elle voulait être bien assise. J'ai toujours trouvé ça un peu con d'avoir un tel engin dans un si petit espace.

Chrysostome ne peut s'empêcher d'émettre un petit soupir de lassitude, tandis que Némus termine un ricanement assez stupide avant de s'étrangler dans un rire de gorge incontrôlé.

— Je ne vais pas vous embêter longtemps, monsieur. Quelques questions et puis nous vous laissons tranquille.

Némus acquiesce mollement tandis que Chrysostome le regarde avec insistance dans les yeux pour fixer son attention.

— Bon ! débute Chrysostome avec les facilités de communication actuelles, pourquoi avez-vous eu besoin d'un local pour votre activité ? Comme les autres organes de presse vous pourriez vous contenter d'un module de communication complet et…

— Quand on fait du reportage d'investigation, il vaut mieux disposer d'un point de fixation. Les gens viennent, parlent, donnent des informations. Et puis, c'est quand même plus vivant que ces saloperies d'hologrammes qui ont tout corrompu… Pas un de mes confrères journalistes ne travaille plus comme ça, je sais. Ils se contentent de reprendre les informations qui leur parviennent et les retraitent en y ajoutant leur petite note fascisante, humoristique, libérale, communiste. Non pas communiste, je blague, ça n'existe plus… Ils attendent leur becquée quotidienne et la recrachent avec leurs réflexes de classe ou de pensée.

— Comment était répartie votre activité journalistique ?

Némus émet un léger remugle, se baisse et saisit la bouteille de raki à ses pieds. Il s'en sert une rasade dans un verre en plastique.

— Je vous en verse un ? Par contre, je n'ai pas d'eau. Mais, je peux me faire dépanner par le Moldave qui tient la boutique de scarification à côté.

Chrysostome et Mahmouti refusent la proposition alléchante de se coller un marteau-piqueur dans la tête si tôt dans la journée.

— Moi je suis un anarchiste de la boisson. Ils veulent me sevrer comme un chameau, ils me matraquent de leurs messages. Tous les matins, à 8 heures, j'ai un hologramme à domicile, tous les matins, sans répit, qui se pointe jusque dans ma chambre pour me baratiner ses conseils à trois francs six sous sur ma consommation d'alcool. Qu'est-ce que j'en ai à faire de mon foie et de mes organes ! On les change non ? On peut le faire maintenant, on n'est plus chez les arriérés ? Tout ça parce que j'ai eu le malheur de me faire contrôler un jour, il y a quatre ans. Vous imaginez un peu la punition ? Recevoir tous les jours un hologramme. Si c'est pas un putain de plan de rééducation personnalisé, ça ?

— M. Némus, il va falloir que nous progressions sinon nous allons devoir poursuivre cet entretien dans les locaux de la PJ, peut-être plus propices à la concentration.

Cela ne semble pas émouvoir Némus. Il inspire une longue bouffée qui traverse sa trachée comme un corps étranger.

— Merde ! Je suis né cinquante ans trop tard moi. C'était quoi la question ? Ah, oui, j'étais chargé de la documentation, des dossiers, des investigations. J'aime bien fouiner, débusquer, trouver. C'est presque une seconde nature. Je suis un peu chercheur de trésors dans l'âme. Le talent et le plaisir de Madeleine étaient de mettre en difficulté les roitelets de la métropole. Elle avait le don pour se fourrer les gens dans la poche, Madeleine. De nous deux, c'est elle qui se chargeait de traquer les pontes locaux et elle les malmenait, je vous prie de le croire. Bon, il est certain que depuis quelque temps, on était un peu tricards, avec tout ce qu'on avait débité sur eux.

Il enfourne une rasade de poison, crispe ses mâchoires avant de reprendre :

— Et puis, Madeleine avait une autre qualité, celle de savoir raconter les histoires et cela en faisait une excellente journaliste.

Il marque un nouveau temps d'arrêt, regarde bizarrement son verre vide comme s'il allait se remplir comme par enchantement, puis le repose sur la table en tremblant légèrement.

— Avant de mourir, elle projetait d'aller interviewer dans sa geôle le crypto-anarchiste à l'origine des sabotages de caténaires, ajoute-t-il dans un soupir. Vous voyez de qui je veux parler ?

Les regards de Chrysostome et de Mahmouti se croisent rapidement. Golkoff, le terroriste, interné depuis six ans pour destructions diverses de bâtiments publics.

— Que pouvait-elle bien attendre de lui ?

— Tout le monde veut avoir la parole de Golkoff, il était normal qu'elle aussi tentât le coup. Vous vous rendez compte, Golkoff ! Un mythe, une star ! Et elle était sur le point de l'avoir son scoop. Je ne sais pas comment elle s'est débrouillée, mais…

— Elle a écrit quelque chose sur le sujet ? Les questions qu'elle souhaitait poser à Golkoff, une synthèse de ses lectures sur lui ?

— Pas que je sache. Mais Madeleine avait une façon bien à elle de travailler. Déjà, elle avait une très grande mémoire et puis elle aimait bien griffonner l'essentiel de ce qui lui venait à l'esprit sur de petits bouts de papier dont je n'ai jamais su ce qu'ils devenaient.

— Avez-vous constaté des changements chez Madeleine ces derniers temps, une humeur dépressive, un comportement sortant de l'ordinaire ? Ne vous censurez pas, le moindre détail peut avoir son utilité.

Némus avale le reste de son verre. Chrysostome ne peut s'empêcher de grimacer, ayant mal pour lui de le voir ingurgiter sa dose de drogue dure.

— Pas spécialement. Toutes les affaires la passionnaient. Elle ne faisait pas de hiérarchie entre elles. Ce qui lui importait, c'était de mener à bien un dossier.

— Pensez-vous que le coup pourrait partir de là, une des victimes épinglées dans *La Vigie* qui chercherait à se venger ?

Némus laisse éclater un rire tonitruant qui se termine par une petite émission de grognements.

— Vous plaisantez ? En cinq ans de collaboration journalistique, on n'a pas dynamité le milieu politique. Peut-être qu'on a pu envoyer un ou deux types en détention, pas davantage. On fait surtout dans l'information caustique et cocasse, celle qu'on trouve à la marge et qui résume la personnalité réelle de nos dirigeants. C'est notre principale force. Bon, il est vrai qu'on ne crache pas sur un scoop, mais on n'a pas vraiment les moyens d'aller creuser l'affaire à l'autre bout du pays et encore moins de la planète. Et puis vous savez notre gagne-pain, c'est principalement de taper sur la métropole quelle que soit la formation politique à sa tête. Nos lecteurs attendent ça et payent pour ça.

— Aviez-vous remarqué quelque chose de différent dans l'entourage de Madeleine, la présence de nouvelles connaissances par exemple ?

— Pas vraiment. Madeleine était assez secrète. Je veux dire qu'elle ne se confiait pas. Ce que je savais d'elle – je parle de faits intimes – provenait toujours d'un tiers. Et pour tout vous dire, je m'en foutais un peu de ce qu'elle faisait. Elle ne venait pas souvent au local, seulement pour me saluer et discuter un peu de vive voix.

— Qu'en-était-il de sa vie privée ?

— Si elle avait des aventures ? Vous voulez savoir si elle couchait ? Elle n'avait que ça des aventures. Si je devais la résumer, Madeleine, je dirais même qu'avant son travail, avant tout le reste, ce qui lui importait le plus au monde, c'était de vivre ces premiers instants, vous savez quand on rencontre quelqu'un…

Il s'arrête pour attraper une grande bouffée d'air.

— Enfin, je crois qu'elle vivait quelque chose de plus sérieux ces derniers temps, poursuivit-il. En tout cas, elle semblait exaltée, comme à l'annonce d'un événement important. Elle se lassait assez vite, Madeleine. Elle appartenait à cette génération qui ne sait pas se fixer, qui butine, qui change, qui n'aime pas avoir la même tête en face de soi trop longtemps. Société de zappeurs, d'instables, de névrotiques, de…

— J'ai compris ! Et de vous, elle ne se lassait pas ?

— Elle m'aimait bien Madeleine. C'est sûr.

Némus eut une espèce de hoquet et puis, la seconde qui suivit, Chrysostome le vit pleurer comme un gamin. Ils n'en tireraient plus rien.

— Au fait, tente pourtant le lieutenant en se penchant vers lui, ses flirts, elle les rencontrait où ?

Némus retire la main qui cache ses pleurs, dévoilant un visage ravagé. Il met du temps à se calmer avant de répondre :

— Madeleine fréquentait souvent les bars. Elle avait son circuit. *Le P'tit Gibus*, en journée et *Les Aviateurs* et *Le Kawabata* en soirée. J'ai déjà fait une ou deux fois sa tournée, mais je n'aime pas trop ces repaires de branleurs. Elle y récoltait des informations et puis parfois aussi des types pour un soir. Mais je sais qu'elle se rendait aussi tous les jours sur l'holo-réseau SFW.

Il se gratte lentement la tempe, fouillant les tréfonds de son cerveau qui fonctionne au ralenti.

— SFW, SFW ? Ah oui ! *Smart Flirt Wire*. Car elle avait beau dire, elle trouvait bien pratique de savoir ce que les hommes avaient derrière la tête avant de les rencontrer réellement.

VI

À 22 h 30, Séquoïa sort de son appartement. Il a rappelé Aurora Kraft-Meyer pour connaître le *Dress Code*.

— Blanc de rigueur avec un couvre-chef au choix, a-t-elle répondu.

Docile, il a sorti de sa penderie un pantalon de toile crème et une chemise blanche dont il a retroussé les manches, des Verana bleu pétrole, achetées avec dix autres paires dans un village des marques dans la périphérie de Redon quelques années auparavant. Puis il a mis dans sa poche le tube renfermant son panama. La station météo mentionne une température de vingt-six degrés, un taux d'hygrométrie de soixante-dix-sept pour cent et un vent soufflant à vingt kilomètres par heure. Il oriente son géo-localisateur, vers la tour Élektra, la plus élevée de Bretagne, et consulte toutes les informations utiles la concernant. Il note qu'en son sommet, où se situe le pavillon *One Forest*, la température chute à un peu plus de vingt degrés. Il attrape un blouson au cas où, puis descend au parking.

Séquoïa confie son véhicule à un voiturier qui s'empresse d'aller le garer près d'une petite grappe de cylindrées russes et indiennes sur les capots desquels des chauffeurs sont appuyés, les bras croisés, devisant bruyamment. Le snobisme poussé à son paroxysme ! Employer des humains alors que les véhicules se conduisent tout seul. L'ascenseur le hisse jusqu'au quatre-vingt-sixième étage avec une rapidité étourdissante avant de le délivrer. Une dizaine de musiciens, spécialement acheminés pour l'occasion depuis Puerto Escondido, dans le Sud du Mexique, forment une haie d'honneur et entament une bamba tonitruante à son arrivée. Sur la terrasse panoramique, Séquoïa est accueilli par un vent assez frais qui détonne avec les températures qui règnent au sol. Il retient fermement son panama qui manque de s'envoler. Tout le monde est déjà dans le cube. Il s'agit d'une gigantesque structure aux panneaux de verre amovibles, surplombée d'une chambre également transparente qui place ses occupants devant un horizon époustouflant. Un segment de fleuve amazonien a été dessiné à l'intérieur du cube avec ses berges et sa végétation luxuriante. Lors d'une fête mémorable donnée en l'honneur de sa fille Ultramarine, Déko-Marcus a fait lâcher, à défaut de piranhas, une dizaine de silures de plus de quatre mètres qui ont fait bouillonner l'eau et donné des frissons à l'assistance. Un convive, particulièrement éméché, a même tenté quelques brasses, mais il a été assommé dix secondes après être entré dans l'eau.

Près de quatre cents personnes, triées sur le volet, ont répondu à l'invitation du magnat et le *One Forest* ressemble à une ruche où la satisfaction de se sentir entre soi éclaire chaque visage. Chacun a respecté le *Dress Code* à l'exception de Déko-Marcus, totalement vêtu de pourpre et de blanc, ses couleurs. Il patiente debout, en recevant les derniers convives, aidé de sa collaboratrice Aurora Kraft qui lui glisse à l'oreille quelques mots lorsqu'il peine à reconnaître l'un ou l'autre. John-John prend sa place dans la file d'attente. Au loin, l'équipe féminine de volley-ball de Rennes Métropole, en tenue de sport, pose pour un photographe dont l'appareil argentique monté sur un trépied n'attend plus qu'un sourire collectif. Geena

Zarahoui, la plus fameuse d'entre elles, *smashe* à plus de 195 kilomètres-heure. Ses mains posées sagement sur ses cuisses paraissent comme des battoirs sous-employés.

— John-John Séquoïa, annonce Aurora à son patron.

— Ravi, se contente de répondre Gengis Déko-Marcus.

Séquoïa n'a pas le temps de répondre. Aurora l'attrape aussitôt par l'épaule et l'entraîne avec elle.

— Je viendrai vous chercher dès que le président aura fini d'accueillir tout le monde, chuchote-t-elle avant de le laisser en plan.

Séquoïa se dirige vers l'un des huit buffets et demande à ce qu'on lui serve un verre d'eau gazeuse. Son verre à la main, il parcourt les lieux. Les femmes sont belles, mais se ressemblent toutes, les hommes aussi. La beauté est devenue banale. Cela fait longtemps que tout le monde s'est rué sur les artifices que le marché propose. Prothèses, opérations, kits d'embellissement… Résultat, les rues sont parcourues par des clones, même si le physique disruptif n'a pas complètement dit son dernier mot. Séquoïa ne connaît pas grand monde, mais quelques célébrités comme Irénée Kalazë, la femme-serpent millionnaire dont la peau semble susciter parmi les convives autant d'amusement que de répugnance, ne lui est pas inconnue.

Au loin, personne ne peut échapper à Gaïa El-Mabrouk d'Issini qui fait glisser ses 120 ans avec une obstination que lui envient toutes les femmes. Elle passe près de John-John, jouant avec son éventail qui ne laisse filtrer qu'un regard acéré. Sa robe d'algues laisse deviner une poitrine forte et alerte dont la forme, proche de l'ananas, a inspiré tant de femmes et d'artistes. Elle fixe Séquoïa avec insistance, au point de le gêner. Gaïa El-Mabrouk d'Issini, faute de combattants, ne cherche plus de conquêtes parmi les hommes de sa génération. Depuis ses 90 ans et, à la mort de son sixième mari, elle a décidé de s'attaquer à ceux qui lui sont proches en esprit. Les jeunes !

Près du buffet péruvien, composé des *ceviches* les plus étonnants et les plus colorés qui puissent se trouver, Déko-Marcus termine de recevoir ses invités. Derrière son apparente décontraction, on devine au détour d'un regard, quand il se permet un peu de relâchement, toute la froideur et la détermination qui le commandent véritablement. Sa tignasse blanche flotte au vent comme un étendard. Séquoïa devine son agacement au petit tapotement de la main droite qu'il ne peut maîtriser sur la couture de son pantalon.

Ce genre de raout constitue visiblement un effort pour l'industriel, indispensable, toutefois, pour assurer le développement et l'expansion de ses activités. Séquoïa cherche Aurora des yeux sans la trouver. Il s'approche du fleuve reconstitué et change de berge grâce au petit pont suspendu. L'eau disparaît sous le sol après avoir coulé sur une vingtaine de mètres et franchi une cascade de quatre mètres de hauteur. John-John marche sur la petite berge, évitant les obstacles naturels. Près d'une rafflesia géante, il trouve un siège sur lequel il s'assoit un instant. Il envoie une transmission vers Wenceslace, la fille de ses voisines à qui il sert régulièrement de soutien moral dans la lutte sans merci pour l'indépendance qu'elle mène contre ses mères. Elle adore John-John. Évidemment, un type seul et cool faisant évoluer ses règles de vie à l'aune exclusive de ses humeurs a davantage d'attrait que deux mères surexcitées se battant en permanence pour quelques principes d'éducation désuets ! John-John lui a promis, les jours où il ne voit pas physiquement l'adolescente, de s'inquiéter par hologramme de ses états d'âme. Sa bonne œuvre quotidienne en somme. Elle ne répond pas immédiatement à son appel, probablement absorbée par « *The Red Kingdom* », le plus grand jeu hologrammique dans lequel elle tient un rôle de courtisane. Elle a mis six ans à se hisser jusqu'à cette position, au terme d'une sélection impitoyable et au prix d'une assiduité remarquable qui ne profite pas vraiment à son travail scolaire. Son rang dans le jeu, quoique intermédiaire, fait sa fierté et l'admiration de ses professeurs, élèves, voisins, amis, connaissances. Son ambition ultime consiste à séduire le duc Henri, proche du prince et donc de la famille royale. Le jeu suscite une passion dévorante parmi les quelque quatre cent millions de participants. Finalement, il reçoit un message de sa jeune protégée.

— Quoi, sérieux, tu me charries ! Tu te trouves au *One Forest* ! hurle-t-elle avec une profusion de gestes désordonnés.

— Arrête ça, on dirait tes *madres* !

Pour bien lui montrer qu'il est sérieux, il filme l'arrière-plan en guise de preuve. Au loin, pourpre sur blanc, éclatant de présence, GDM progresse au milieu de sa cour blanche.

— Tu viens me chercher, minaude l'adolescente avant de devenir brusquement hystérique lorsqu'elle reconnaît Gaïa El-Mabrouk d'Issini, la centenaire croqueuse d'hommes.

— Je bosse, répond John-John, avant de raccrocher dans un sourire.

Au loin, les choses sérieuses ont débuté. Déko-Marcus vient de faire monter sur la scène Dora Krawieska, la pianiste la plus célèbre du monde. Ses doigts courent sur le clavier avec une dextérité époustouflante qui parvient à suspendre toutes les activités autour d'elle. Chopin, Ravel, Liszt, Debussy, Mozart… Personne ne reconnaît les génies qu'elle fait revivre sous sa fougue mais quand elle a terminé de jouer ses morceaux, une clameur d'excitation retentit.

John-John n'a pas vu s'approcher une jeune femme qui cherche à fuir le tumulte. Sa longue robe blanche dissimule ses pieds au point que John-John a l'impression qu'elle glisse sur le sol. Elle vient se planter devant lui sans façons et se met à l'observer avec curiosité :

— Qui êtes-vous ? demande-t-elle enfin.

— Je m'appelle John-John Séquoïa.

— Moi c'est Ultramarine, dit-elle avec un petit mouvement de tête charmant. J'aime les fleurs, les gens aimables, le bouillon-tofu et l'existence vue d'en haut. Est-il nécessaire d'ajouter que mon père est probablement l'un des hommes les plus puissants de ce pays, à coup sûr le plus riche.

Elle dit cela avec naturel, comme une évidence et non pour valoriser un avantage comparatif. John-John l'a évidemment reconnue sitôt qu'elle a parlé. Ultramarine est belle sur tous les écrans du monde et splendide dans la réalité, un peu plus que belle, même, car elle a bénéficié des aménagements corporels rendus possibles par la fortune de son père. Belle entre toutes les belles en somme.

— Faites-vous de la politique ? demande-t-elle sur un ton neutre.

— Jamais, répond Séquoïa.

— Moi, non plus. Je ne comprends pas pourquoi mon père organise ce genre de soirée. Il n'a pas besoin d'argent pour financer sa campagne et d'ailleurs il sera réélu. Personne ne fait le poids en face.

Séquoïa fait mine d'acquiescer aux propos de la fille de son client potentiel.

— Je suppose qu'il a besoin de compter ses divisions. Et puis, lorsque l'on est à la tête d'un empire de la communication, il faut se montrer… Que faites-vous ici, alors que la fête est de l'autre côté ?

— J'en ai soupé de ces noubas. C'est assommant, toujours les mêmes têtes. Je suis ici parce que mon père me l'a demandé, autrement je serais ailleurs.

— Où ça ?

— Vous êtes bien curieux.

— C'est un peu mon métier, vous savez.

Elle s'éloigne gracieusement de quelques pas pour se rapprocher d'un pommier nain.

— Vous avez sous les yeux le plus grand verger de la métropole. J'aime les arbres, les plantes et les petits animaux.

Dit par une autre, John-John aurait probablement laissé éclater un rire, mais il trouve un peu de charme à Ultramarine. Il ose :

— Vous me semblez mélancolique.

— Ce que vous prenez pour de la mélancolie n'est que de l'ennui.

Un imperceptible tombé de paupières semble pourtant infirmer ses dernières paroles.

— En tout cas, je constate que vous obéissez à votre père au doigt et à l'œil. Vous êtes ici, non ?

Sur l'autre berge, on s'agite. Aurora lui fait un signe. Séquoïa se lève.

— On claque du doigt et vous êtes aussi aux ordres, me semble-t-il, glisse-t-elle avant de s'éloigner.

Séquoïa suit Déko-Marcus à l'extrémité de la terrasse panoramique. Les deux hommes s'installent sur un banc suspendu. Gengis Déko-Marcus ouvre un coffre réfrigéré en loupe d'orme, posé à ses côtés, duquel il extrait deux coupes.

— Champagne ?

John-John accepte.

— Savez-vous que cette coupe que vous tenez dans la main a la forme du sein de la marquise de Pompadour ? Petit format, non ? Imaginez si l'on avait conçu la première coupe à champagne aujourd'hui. On serait ivre au premier verre…

Il éclate de rire en avalant d'une traite son champagne Dom Ruinart 2021 Blanc de Blancs.

— Avez-vous jamais vu spectacle plus époustouflant que celui-ci ? Ces lumières à perte de vue qui semblent éclairer cette forêt. Je possède le plus fantastique panorama du monde. Nulle part ailleurs, il ne vous sera possible de contempler ce que nous avons sous les yeux. Les grandes métropoles émergentes tentent de construire à coups de millions avec l'argent des ressources minières et des logiciels, des villes somptueuses, hautes à toucher le ciel. Chacune y va de sa petite innovation : funiculaires tournants, plates-formes en verre au-dessus de quartiers entiers, immeubles en terre, lacs suspendus, bâtiments dominos, j'en passe et des meilleures. Mais allez faire un tour du côté de ces cités nouvelles, vous trouverez des ensembles sans âme. Rien ne souffle sur ces villes créées par des marchands pour des consommateurs.

Il boit son champagne d'une traite. *Il doit ainsi procéder en tout*, pense John-John. Trancher, ne pas perdre une seconde, aimer sans savourer, détester une bonne fois pour toutes. Il se ressert une coupe et tend la bouteille à John-John qui décline l'offre.

— Où que vous tourniez le regard, quelque chose m'appartient dans cette métropole, quelque chose que j'ai pensé, fait construire. Mais moi je ne suis pas un marchand. J'ai toujours privilégié le beau, l'harmonie, l'ordre et la cohérence. Je peux vous dire sans forfanterie, mon ami, que je suis le baron Haussmann ressuscité. Voyez l'artère centrale qui coupe la ville du nord au sud, était-elle indispensable ? Non, me direz-vous ! Et je suis d'accord avec vous. Mais avant cette artère, la métropole était momifiée par des siècles d'immobilisme. Pouvait-on vivre au temps de Victor Hugo jusqu'à la fin des temps ? Non, non et mille fois non. Il a fallu casser, certes, et les pleureuses de tous acabits sont sorties du bois pour dire que cela n'était pas bien. Foutaises ! J'ai remis de la vie ici. En réalité, je hais les conservateurs, lâche-t-il encore dans un souffle. Aurais-je pu créer *UbiKus* si je n'avais pas été visionnaire, si je n'avais pas coupé toutes les amarres qui me retenaient au sol ?

John-John l'écoute débiter son catéchisme, partagé entre l'admiration envers le génie et le sentiment de se faire embobiner par un vendeur d'assurances. GDM croit-il vraiment à ce qu'il dit ? Il y a fort à parier que oui. Ce type de personnage n'a peur de rien et certainement pas d'avoir raison sur tout.

— Pourquoi m'avoir fait venir ? demande un peu abruptement John-John.

— J'ai eu plusieurs vies, M. Séquoïa. Toutes ont été réussies, j'estime même qu'elles ont rang de chefs-d'œuvre et il ne se trouvera personne pour vous dire le contraire. J'ai créé les premiers hologrammes de série, j'ai pris une telle avance dans cette technologie que je peux vous affirmer que pas un seul de mes concurrents ne comblera son retard avant trois ou quatre décennies au moins. Plus tard, à force de me frotter stérilement à ces responsables institutionnels lâches et incapables, j'ai décidé de me lancer dans la bataille politique. Je l'ai emporté haut la main et à la régulière. Je n'ai pas fait ça pour le pouvoir. Le pouvoir je l'ai depuis toujours ici, dit-il en tapotant sa tempe de son index. Simplement, cela m'a permis d'aller plus vite, de bouger un système pachydermique. Au cours de ma vie, chaque fois que j'ai présenté un projet, il s'est trouvé des détracteurs en pagaille – ces fameux conservateurs qui ne croient en une invention que lorsqu'elle a été éprouvée par des générations d'utilisateurs. Mes projets, personne n'y croit jamais et tout le monde les pense irréalisables jusqu'au jour où ils deviennent des réalisations… Alors il ne reste plus qu'à s'incliner devant elles. Voilà pourquoi j'ai ajouté la politique à mes activités. Pour forcer les administrations sclérosées et leurs occupants engourdis par le conformisme.

Il marque un temps d'arrêt, se lève et invite John-John à le suivre.

— Mais aujourd'hui, dit-il en plantant son regard dans celui du pisteur, je suis persuadé qu'on essaye de me faire payer tous ces succès.

VII

Accroupi sur la mezzanine, Oméga règle avec la minutie qu'il porte en tout l'éclairage de ses halogènes achetés au grand marché couvert vietnamien du sud de la métropole. Il a consacré six semaines à les trouver et plus de huit mois à mettre la main sur un stock d'ampoules dissimulées dans l'incommensurable bric-à-brac d'un vendeur aussi vieux que Mathusalem. Tout doit être parfait. Définitivement, il ne veut rien avoir à se reprocher. Et puis, il ne se sent pas bien dans l'impréparation, cela lui pèse très rapidement sur le moral. Il a déjà déraillé à cause d'un détail. Cela lui a coûté six semaines de soins sans consentement en hôpital psychiatrique et la mention « dérouté mental » portée sur son dossier médical, une marque d'infamie qu'il a juré de faire disparaître un jour en allant hacker le coffre-fort électronique de l'hôpital.

Oméga trouve enfin l'éclairage parfait. Il se redresse et arbore un de ces sourires qui, dit-on, sont désarmants. Devant lui se tiennent trente plants de cannabis yéménite qui prospèrent admirablement. Il a la main verte à n'en pas douter. Il redescend le petit escalier de bois et va se jeter sur le canapé qui fait également office de lit. Il a de quoi fumer pour l'année, et même d'en donner à ceux qui seront sympathiques avec lui. Il préfère passer du temps à soigner ses plans chez lui plutôt que d'aller à l'autre bout de la ville pour s'approvisionner. Et puis, il y a autre chose.

Après l'incident de la dernière fois, Oméga ne peut plus trop remettre les pieds dans les quartiers nord. L'hiver dernier, il a voulu acheter un kilo de mélasse tadjike à Freddy-Py, dit le Margouillat, son revendeur habituel. Mais Freddy-Py avait disparu de la circulation, coffré par la police deux semaines auparavant. Un dénommé C4, placé là par les caïds de la Corne Rouge, avait repris le taf. Avec le Margouillat, les délais de paiement étaient autorisés. Jamais d'embrouille, ni de valse-hésitation. Avec C4, plus de rapports de confiance et la méfiance semblait être devenue la nouvelle règle. Au rencard, la souplesse de Freddy-Py ! C4 voulait la jouer sans concessions. Et puis surtout, C4 avait insulté sa mère de manière fort pénible. Ce soir-là, rentré chez lui, Oméga avait ruminé les insultes pendant deux jours complets. Deux jours à s'entendre traiter de fils de pute, et de débris de chienne, c'est long. Le matin du troisième jour, casquette vissée sur le crâne, cape de pluie sur le dos pour rester incognito, après avoir esquivé tous les drones de surveillance grâce à la bonne application trouvée sur le dark net et après avoir exploité le maximum d'angles morts pour se faufiler hors les champs de vision des caméras, il avait atterri dans un drive de bricolage au-delà des frontières de la métropole, histoire de brouiller encore davantage les pistes. Il y avait acheté un cutter avec une lame pour découper la moquette, puis il était monté dans le tramway en début de soirée avec ce petit sourire aux lèvres qui plaisait tant. Arrivé dans le périmètre tenu par C4, il faisait nuit depuis longtemps déjà. Les derniers passants fuyaient le froid et se pressaient pour aller se réfugier au chaud. C4 faisait le planton avec quatre types sur le côté d'un immeuble près de l'entrée des caves. Oméga s'était positionné derrière un bosquet, non loin de la bande qui tenait le mur en crachotant et en s'envoyant des vannes pour tuer le temps. Recroquevillé dans l'ombre, les membres ankylosés, tel un chasseur à l'affût, il avait attendu le bon moment. Près de trois heures dans un ennui complet. Rien de palpitant dans la scène qu'il avait sous les yeux. Quelques types se pointaient régulièrement pour s'approvisionner en mélasse, claquer les mains des caïds en guise de marché conclu, avant de repartir avec ce petit déhanché ridicule largement répandu chez les jeunes de périphérie. Finalement, C4 en avait eu marre de sautiller sur place comme un cabri pour se protéger du froid et il s'était éloigné en grelottant. Oméga avait alors démarré aussi sec, collant aux basques du dealer. Le froid n'avait pas affaibli sa détermination, au contraire, il n'aimait rien tant que la difficulté, cela agissait positivement sur lui. Plus le temps passait et plus il redevenait un fils de pute. Cela le motivait de se répéter les injures de C4. Le visage fermé, il avait marché à bonne distance du salopard. Puis, alors qu'ils traversaient un espace de jeux à la pelouse élimée, il avait rattrapé le dealer, se postant devant lui pour lui barrer le passage. C4 n'avait même pas été surpris. L'habitude des coups foireux !

— Qu'est-ce tu veux mec ?

— Tu me reconnais, petit enfoiré ? avait doucement demandé Oméga.

L'autre s'était creusé les méninges, ça se voyait aux épais sourcils qui semblaient en mouvement, comme s'ils allaient sortir de son visage.

— Des sales fils de pute, j'en croise tous les jours. Alors toi ou un autre ? Mais, attends, oui, je vois qui tu es. Je te remets maintenant ! Tu croyais que Freddy-Py

et moi on était potes. Freddy-Py, il faisait crédit ce cave, avec moi, tu payes ou tu dégages. Quel putain de naïf tu fais, mec ! avait-il braillé, l'index menaçant tendu devant son nez.

Que faire d'autre ? Il avait bien fallu passer aux choses sérieuses. Avant que C4 ait eu le temps de trouver son spray paralysant, Oméga avait sorti son cutter de sa poche, comme s'il dégainait un Smith et Wesson, et avec la rapidité et la précision apportées par l'assurance, avait tailladé la racaille au visage et aux avant-bras tant qu'il avait pu. La chair humaine est sans conteste plus facile à découper que de la moquette. Deuxième assaut : trois phalanges avaient sauté sur le sol et C4 les avait regardées bêtement rouler à terre. Bizarrement, il avait très peu braillé, pensant sans doute que ce n'était pas son jour. Finalement, le coriace avait fini par chuter à terre laissant couler des petites rigoles rouges du visage et des doigts.

Oméga avait quand même été obligé de le finir à coups de pied comme la journaliste à la con de l'autre nuit. Résultat, une nouvelle paire de sneakers à mettre à la poubelle. Ça aurait fait mauvais effet de se balader avec des pompes maculées de taches de sang.

Voilà comment viennent les idées : quand nécessité fait loi ! *n'avait-il cessé de se répéter en rentrant chez lui. Depuis, il était devenu son propre producteur d'herbe bio. Le lendemain, il avait vaguement entendu, sur le circuit de nouvelles locales, l'annonce du crime d'un revendeur de drogue dans les quartiers nord. Mais cela n'avait fait que deux minutes d'information dans la journée.*

Depuis, Freddy-Py, dit le Margouillat, est revenu dans le circuit et s'est spécialisé dans le revival spray, un super produit qui met une pêche d'enfer. Une fois par trimestre, Oméga va s'approvisionner auprès de lui. Il n'en abuse pas, car on entend dire de drôles de choses à propos du produit. Qu'à forte dose, il vous ronge le visage, des trucs comme ça.

Ses mains tapotent nerveusement sur ses jambes en repensant à C4. De manière générale, Oméga n'aime pas découvrir ses exploits dans la presse. D'abord parce que le secret et la discrétion sont les deux éléments de base de sa survie. Ensuite, ayant été aux premières loges de ces petits jeux sanglants, quel est l'intérêt pour lui de les revivre par procuration et, de surcroît avec des détails de seconde main, souvent issus de l'imagination fertile des journalistes ?

— Salauds de fouineurs ! éructe-t-il en frappant lourdement de la paume de la main la table basse près de lui.

Un petit grognement attire son attention sur la droite. Terence, son schnauzer géant noir, affalé sur le tapis, laisse pendre une langue molle et humide. À chaque mouvement de son maître, qu'il suit des yeux, le chien frémit et relève parfois la tête. Oméga ouvre le frigo et saisit à pleines mains deux tranches de poitrine fumée qu'il lance en direction de Terence. Ce dernier les happe entre ses mâchoires dégoulinantes de bave et engloutit sa pitance en deux mouvements.

Il jette un coup d'œil au sac poubelle gisant à terre qui contient le module d'informations récupéré chez la journaliste. Il attend le coup de fil d'Alpha pour le lui remettre. Il attrape une bière dans le frigo et l'ouvre en claquant de sa paume le bouchon métallique contre le haut du radiateur, faisant gicler un peu de mousse qui glisse le long de la fonte. Il avale la moitié de la bouteille au goulot et en verse une rasade dans le récipient du chien qui s'approche pour laper le liquide. Sur l'écran de télévision perpétuellement allumé, son attention est captée par une nouvelle. On parle de lui. Il s'assied et émet un rot sonore qui fait légèrement trembler son visage et lui arrache un sourire de satisfaction. Puis il se cale confortablement contre l'accoudoir pour voir apparaître, en une, le visage de Madeleine Magnificat.

— Petites cuisses de grenouille bronzées, petits tétons tout dressés, lèvres à peine siliconées, voilà ce que devrait dire ce con de journaliste, ça au moins, ça intéresse les gens, grommelle-t-il. Ils vont me faire passer pour un de ces tarés d'obsédés sexuels ou de serial machins qui s'attaquent aux femmes par frustration. C'est pas avec ce type de raisonnement que vous allez me trouver les gars !

D'une traite, il termine sa canette puis change de chaîne. Lorsque le générique de son jeu préféré retentit, le sourire qui plaît tant éclaire d'un coup son visage.

VIII

Le centre opérationnel de la PJ est bondé. Ernesto Ramirez, le chef de la brigade de police judiciaire, a réuni l'ensemble des binômes en charge des enquêtes dans la métropole. Pour l'occasion, et parce qu'il en aime bien le principe, le chef de la brigade a pris la mine des mauvais jours et, pour ne pas être en reste, tout le monde tente de l'imiter au mieux. Debout derrière un pupitre transparent, il attend, pour débuter, que deux de ses hologrammes soient projetés au milieu de la salle et que tout le monde ait terminé de s'installer.

Enfin, il peut se racler la gorge dans le micro, ce qui a pour effet d'amener un silence complet.

— Je tenais à vous réunir tous afin de vous sensibiliser aux deux affaires importantes de ces dernières heures. Pour ceux qui l'ignoreraient, la métropole vient de connaître un homicide qui devrait largement mobiliser nos services. Il s'agit d'une journaliste d'investigation. Elle travaillait, certes, pour une feuille de chou, mais enfin, on n'a pas assassiné un journaliste en Europe depuis au moins vingt ans. Il fallait que ça tombe sur nous. Vous savez comme leur corporation est chatouilleuse… J'ai confié l'affaire au binôme 125 composé du lieutenant Chrysostome et du technicien Mahmouti. Ils sont intervenus les premiers sur le site du meurtre dans le cadre de leur permanence. Comme toutes les affaires qui nous échoient, afin de ne laisser aucune information en déshérence et pour ne pas nous attirer les foudres des sempiternelles associations de défense du citoyen, vous communiquerez au binôme susmentionné, tous les éléments utiles recueillis à l'occasion de vos sorties. J'exige qu'il n'y ait aucun raté en la matière ; on ne nous pardonnerait pas de posséder une information et de ne pas avoir su l'exploiter. Dans le cas d'espèce, je serai le superviseur.

Des bruissements d'étonnement se font entendre. Ça chahute un peu au fond de la salle. Des ricanements fusent même. Cela ne semble pas troubler Ernesto Ramirez outre-mesure. Il fixe la ligne d'horizon de crânes qui s'étend devant lui. Sa petite crête gominée aux reflets bleu-nuit le fait ressembler au fruit d'un danseur de tango argentin et d'une punkette anglaise. Mais il a le mérite de la constance. Personne ne l'a jamais vu autrement coiffé. Il inspire longuement l'air vicié de la pièce, tandis que ses hologrammes l'imitent en tous points.

— Deuxième affaire. Il ne vous a pas échappé que certains de nos dirigeants politiques font l'objet depuis quelques mois d'attaques insidieuses. Les élections à venir devraient être beaucoup plus mouvementées que les dernières, si j'en crois le travail de nos services de renseignement. Je peux déjà vous annoncer que nos services devraient être largement sollicités… Sur cette affaire, j'attends de vous du doigté et de la perspicacité. Pas de mélange des genres, pas de naïveté non plus.

— Par quel type d'actions sont-ils visés ? demande un capitaine.

— Pour l'instant, le stade de la violence n'a pas été franchi. On parle simplement de graffitis sur certains lieux de pouvoir et à l'encontre de certaines permanences politiques, de messages inscrits un peu partout dans la ville, dans des lieux ciblés. Hier, une armada de flibustiers s'est jetée de manière concertée et à la seconde près sur le serveur central d'hologrammes du groupe *UbiKus*.

Personne ne bronche dans l'assistance. Il reprend :

— Il y a donc un intérêt certain pour nous, en soutien des services de renseignement, d'avoir un œil sur ces signaux de déstabilisation. La forteresse mise en place par les équipes informatiques d'*UbiKus* leur a permis de résister et de dévier l'attaque vers leurs centres de leurres puis dans leur cul-de-sac informatique. Mais tout cela montre une volonté organisée de s'attaquer au chef de l'exécutif métropolitain. Cela ne peut pas être le fruit du hasard.

— Est-ce l'homme politique ou l'entrepreneur qui est visé ? interroge un policier.

— C'est à vous et à vos petits camarades de me le dire. Mais j'insiste sur le fait que le groupe *UbiKus* n'est pas la seule cible de ces attaques. Pour finir, je peux vous dire que le ministère destine une prime particulièrement conséquente au binôme qui lui apportera sur un plateau les renseignements utiles liés à ces provocations.

***

— Qu'en penses-tu ? demande Jean-Moktar Mahmouti en s'affalant sur l'un des divans qui trône dans l'une des petites pièces destinées aux binômes.

— De quoi ?

— De ces histoires politiques. J'ai l'impression qu'on fait encore du vent avec pas grand-chose.

— Ramirez fait diversion. À mon avis, aucun autre responsable politique que GDM n'a fait l'objet d'attaques.

— C'est notre faute si Déko-Marcus confond son consortium avec la métropole ? Ça n'est pas à nous de régler les problèmes qu'il s'est créés ? Il a réussi à se mettre tout le monde à dos : l'extrême-droite, l'extrême-gauche, sans compter les organisations de Verts extrêmes…

— Sauf que toutes les minorités de la métropole le soutiennent sans faillir. Son succès fait rêver dans les périphéries. Enfin, pour une fois, je partage l'avis de Ramirez. Toutes ces histoires d'attaques ne sont que des signes annonciateurs. Ça ne ressemble à rien pour l'instant, mais ça risque de dégénérer très vite.

— Je trouve que c'est trop calme depuis trop longtemps. Comme l'a dit Ramirez, il me semble que les courants extrémistes commencent à cristalliser. Je passe un peu de temps à lire les notes d'ambiance des services de renseignement et je peux t'assurer que cela frémit dans le microcosme.

Il se lève, va chercher une microcapsule de caféine et l'avale avec un peu d'eau.

— Bon, reprenons notre affaire.

Il branche l'audio-conférencier qui lui apporte un point précis de l'autopsie. La journaliste Madeleine Magnificat a dîné d'un repas pocket « gaspacho – thon de bassin – mandarine de Suède » et d'une eau gazeuse très légèrement salée, dont la marque est en cours d'identification. Elle est morte d'un enfoncement de la zone pariétale consécutif à un coup violent donné, selon toute vraisemblance, avec le tabouret retrouvé dans la cuisine. Tout son corps porte, par ailleurs, les stigmates des coups assénés par l'assassin. Un examen approfondi de ses muqueuses montre qu'elle a connu un, ou plus probablement, plusieurs rapports sexuels consentis avec un homme, la nuit de son meurtre. Par ailleurs, les données contenues dans sa centrale corporelle miniaturisée ont été exploitées par l'identité judiciaire. Madeleine se trouvait en relativement bonne condition physique. Elle avait couru une soixantaine de kilomètres les deux dernières semaines précédant sa mort. Son alimentation pauvre en graisses et en sucres semblait exemplaire et son taux d'albumine était correct. Aucune hypercholestérolémie n'était à déplorer. Son dernier bilan montre également qu'elle a franchi la troisième transition épidémiologique, sans avoir été atteinte par aucune des maladies chroniques ou dégénératives assez répandues dans la population. Sa vision, par contre, n'était pas bonne, mais se situait dans la moyenne nationale. L'exposition aux rayonnements des écrans l'avait altérée et provoqué une sécheresse oculaire récurrente importante.

— Voilà pour les données corporelles *post-mortem*. As-tu trouvé quelque chose ? demande Chrysostome à son technicien.

— Les prélèvements effectués dans la chambre et la cuisine montrent la présence de deux personnes pas davantage : Madeleine et l'homme avec qui elle a eu des rapports sexuels, selon toutes probabilités, l'assassin. Son ADN a été prélevé et comparé avec les sources des différents fichiers et tiens-toi bien !

— Pas de devinette s'il te plaît !

— Eh bien rien, pas une seule correspondance dans aucune banque de données d'Europe. J'ai demandé l'assistance de collègues américains, indiens, tchadiens et australiens qui centralisent pour leur continent les données ADN. Rien non plus.

Chrysostome, béat, fixe son collègue, avec l'air de s'interroger sur sa santé mentale.

— Je ne plaisante pas, insista Mahmouti presque hilare, je ne plaisante pas !

— C'est insensé ! Qui n'est pas fiché aujourd'hui ?

— Personne, mon vieux. C'est là que le bât blesse. Bon, je récapitule. Il y a trois niveaux de fichiers ADN dans le monde. Le rouge, renfermant les références biologiques des délinquants, est accessible à l'ensemble des forces de sécurité de presque tous les pays du monde. Il est fiable à cent pour cent. Le mauve est destiné aux citoyens lambda. Il est protégé et ne peut être consulté que sur commission rogatoire. Le pourpre enfin est réservé aux repentis, aux agents infiltrés, aux diplomates, aux institutionnels en exercice, et…

— Je sais tout ça Mahmouti, où veux-tu en venir ?

— L'ADN de l'assassin de Madeleine Magnificat n'apparaît pas dans le fichier des délinquants, ni dans le fichier commun.

— Dans ce cas, il reste une possibilité…

— Je dirais plutôt trois, qui compliquent singulièrement le reste de l'enquête.

Le téléphone corporel de Jean-Moktar émet un signal. Il fixe un instant son poignet, semble contrarié, mais décide de ne pas recevoir l'appel et retourne à ce qui le préoccupe. Chrysostome ne le questionne pas sur l'origine de l'appel. Depuis qu'ils font équipe, Mahmouti rend farouchement étanche tout ce qui concerne sa vie privée.

Il reprend.

— Soit l'assassin est protégé par le fichier pourpre, soit il est originaire d'un des dix pays n'ayant pas signé la charte sur le recensement et le partage des signatures génétiques personnelles, soit il n'est pas fiché.

— Comment veux-tu qu'il n'apparaisse pas dans un fichier ? Les campagnes de recensement sont impitoyables.

— Je ne vois pas d'autre hypothèse.

— Bon, tout cela se complique.

Chrysostome consulte le fichier des objets prélevés sur le lieu du crime.

— Ce qui m'étonne c'est que, compte tenu de la vie quelque peu dissolue de Madeleine Magnificat, elle n'ait pas chez elle un vérificateur de maladies transmissibles.

— J'y ai pensé lorsque son camarade journaliste de *La Vigie* a parlé des virées nocturnes fréquentes qu'elle faisait dans les bars et les boîtes. Je suis certain qu'elle devait en posséder un. D'ailleurs, qui n'en possède pas un aujourd'hui ? Mais je n'ai rien trouvé dans l'appartement. À coup sûr, elle a dû effectuer les tests sur notre meurtrier et ce dernier l'a emporté avec lui. Pas fou, le gars !

— Dommage.

IX

Assis sur la dernière rangée de gradins, John-John Séquoïa observe les plus jeunes courir autour de la salle et se coucher brusquement au sol, au coup de sifflet de l'entraîneur, pour effectuer une série de pompes. On entend les crissements des chaussures de sport sur le revêtement et quelques soupirs d'effort. Séquoïa fait toujours l'impasse sur cet échauffement, se contentant d'étirements avec les plus anciens. Il a l'âge de connaître parfaitement son corps et sait désormais ce qu'il peut lui demander et jusqu'où le pousser. Il ne peut se permettre les claquages, déchirures, hématomes, susceptibles de contrarier son activité professionnelle. Le groupe qu'il a intégré pratique la boxe française depuis des années. Un démineur de profession, un tailleur de pierres faisant office d'encyclopédiste de la savate et de la canne de combat, un chirurgien à distance, dit l'Ouzbek, qui n'aime rien tant que de glisser la pointe de sa savate entre les côtes de ses adversaires, histoire d'en fêler une, si possible, et quelques autres encore dont certains viennent davantage à la salle pour se mettre en tenue de sport et pour discuter entre amis que pour boxer. L'entraîneur appelle Séquoïa.

— Peux-tu faire quelques assauts contre Belosi. Il a son quart de finale dans deux semaines à Courbevoie.

Belosi envoie lourdement son sac valser dans les gradins, l'air pénétré sans même regarder Séquoïa. Ce dernier ne décline pas la proposition malgré toute l'envie qu'il a d'éviter un combat qui s'annonce pénible.

Belosi est le poulain du club comme Séquoïa l'a été cinq ans auparavant sans jamais honorer les espoirs placés en lui. Belosi est un vrai bon, qui ne vit que pour la boxe, prêt à tuer tout ce qui bouge pour devenir champion.

— Dans ce cas, laisse-moi dix minutes d'échauffement.

Trempé, haletant, Séquoïa rejoint le vestiaire. Belosi ne l'a pas ménagé et a fait comme si sa vie en dépendait. Séquoïa regarde son visage dans le miroir. Une bosse commence à se former au-dessous de sa pommette droite. Il attrape une boule de glace dans le congélateur et la maintient sur la protubérance naissante pour en juguler l'expansion, puis il se laisse tomber sur le banc au moment où son sac émet un signal. Il l'ouvre et saisit son holosat. Un message visuel l'attend. Dupont apparaît.

— Mon ami, serez-vous assez aimable pour m'envoyer votre hologramme ?

Séquoïa reste interloqué un instant et envoie une transmission à Dupont. Il se retrouve aussitôt dans la bibliothèque du vieil homme.

— Merci de me répondre. Je vous ai dérangé, visiblement, dit-il en regardant la sueur qui perle sur le front de John-John et la bosse qui commence à comprimer son œil.

— Ôtez-moi d'un doute, nous pouvons désormais communiquer ensemble dans la réalité déportée ? demande Séquoïa avec un léger sourire.

— Absolument pas. Je tiens à vos visites du lundi en chair et en os et croyez bien que si vous en ratez une, je vous signalerai aux services du sous-secrétaire d'État aux plus de 85 ans. Vous savez comme ils sont chatouilleux avec leur décret.

— Je suis étonné que vous utilisiez votre engin. Il me semblait que vous refusiez de le charger, malgré les injonctions de l'administration.

— Bon, si nous pouvions passer sur les sujets technologiques qui ont, vous le savez, le don de me fatiguer.

— Qu'attendez-vous de moi ?

— Ma demande va peut-être vous sembler étrange.

Séquoïa ne le sent pas très à l'aise. Il entend retentir les coups de 11 heures au carillon posé sur le guéridon du salon.

— Je voudrais que vous me sortiez un de ces jours, John-John.

Pour la deuxième fois en dix minutes, Dupont parvient à surprendre son parrain. John-John ne peut cacher son étonnement.

— Ah bon ? Pour quelles raisons et pour aller où ?

— J'ai envie de me promener dans notre bonne vieille ville, de voir ce qu'elle devient sans moi, en somme. Cela fait si longtemps...

— Eh bien lundi, je viens vous chercher en voiture et nous ferons un tour.

— Plus tôt, plus tôt, j'ai grand besoin de sortir.

Séquoïa arrête la diffusion de son hologramme après avoir promis à Dupont de venir le chercher le lendemain matin. Il prend sa douche, s'habille et sort du gymnase. Pour la première fois depuis la grève de la *Coginet*, il sent une légère odeur de charogne infuser dans l'air. Les rues commencent à être chargées en détritus. Les bennes enfouies sous terre ne peuvent plus rien recevoir et des sacs éventrés s'amoncellent à leur proximité. Il remonte jusqu'à son appartement. Là, l'air est quasiment pur. Pour combien de temps encore ?

Arrivé à l'appartement, John-John repense à sa discussion avec GDM. Pourquoi, alors que le président de la métropole dispose de tous les relais possibles, d'une force de frappe financière sans équivalent dans le pays, faire appel à la petite agence indépendante de John-John ?

— Parce que je suis persuadé que vous pensez comme mes ennemis, lui a répondu Gengis Déko-Markus. Vous vous mettrez à leur place, au cœur de leur petite pensée, et vous trouverez le point d'entrée, je n'en doute pas.

John-John commence ses recherches sur les réseaux. Il croise les paramètres afin d'obtenir une localisation de tous les incidents et faits notables impliquant un immeuble ou une propriété appartenant au consortium de GDM. En parallèle, il lance une recherche visant à répertorier toutes les décisions prises par le président au cours de son mandat et tous les documents, courriers, messages électroniques signés de la main de GDM. Enfin, il se rend sur le réseau *Personae* et commande la liste de toutes les personnes croisées par Déko-Marcus depuis sa naissance. Laissant mouliner la machine, il va se préparer un vrai café.

Deux signaux se font entendre coup sur coup. Il sort son holosat. Le premier provient d'un chef d'entreprise qui a besoin de ses services en urgence. Séquoïa lui transmet son hologramme. Le deuxième holo-message est un véritable choc. Il provient d'Iso-Yellow. John-John sent son cœur chavirer. Afin de savourer l'instant, il prolonge volontairement le temps d'attente avant de recevoir le message. Il sent le sang affluer à ses tempes et son cœur battre la chamade. Enfin, il expire longuement, stabilise sa respiration, puis laisse apparaître la jeune femme. De la voir vivre dans son salon, même virtuellement, lui procure un flot d'émotions. Elle regarde droit devant elle, sans chercher à faire d'effet. Elle est toujours aussi séduisante et désirable. John-John remarque qu'elle a rasé sa chevelure du côté droit et fait disparaître ses scarifications sur ses avant-bras. En revanche, elle a conservé les trois minuscules silos incrustés au-dessus de sa joue gauche. Sa nouvelle couleur, jaune de Sienne, met en valeur le fard permanent de ses pommettes. John-John essaye de se souvenir à quoi lui-même pouvait bien ressembler à l'époque, sans y parvenir. Il changeait trop souvent de couleur de cheveux et ses yeux passaient du bleu cyan au bleu turquoise selon les semaines. Il croyait véritablement en leur liaison et sa déception a été à la hauteur de l'espoir suscité. Ils s'étaient rencontrés à *L'Escadron*, une boîte de nuit virtuelle. Il y régnait, ce soir-là, une ambiance que John-John avait rarement rencontrée. C'était à croire que tous les hologrammes célibataires de la métropole s'y étaient donné rendez-vous. Assis depuis près d'une heure au bar n° 8, il s'apprêtait à rapatrier son hologramme pour le changer d'endroit, quand, du haut du troisième balcon, il avait aperçu Iso-Yellow sur la piste n° 14 dans un show dansant époustouflant. Seule au monde, les bras levés, les cheveux flottant au-dessus de ses épaules, elle tournait sur elle-même, les yeux mi-clos. Il avait immédiatement imaginé sa réalité en train de danser dans le salon d'une petite maison de Morgat ou d'Audierne. Il avait eu tout faux, Iso-Yellow vivait à Rennes, à cent mètres de son appartement. John-John avait longuement contemplé la scène, totalement subjugué, avant de se décider à rejoindre l'hologramme d'Iso-Yellow. Sans hésiter, il s'était planté devant elle. Ils avaient dansé un long moment avant de se rendre vers les salons privés. Là, ils avaient parlé près de trois heures. Finalement, la rencontre réelle s'était tenue le lendemain, près du cimetière de l'Est, dans un restaurant spécialisé dans les fleurs et insectes asiatiques choisi par Iso-Yellow. Le choix avait été malheureux. Les travaux de construction du deuxième étage du cimetière venaient juste de débuter et des engins de chantier manœuvraient de manière incessante de l'autre côté de la rue, faisant trembler les vitres du restaurant. Ils avaient décidé d'abréger le repas pour se retrouver chez Iso-Yellow. La porte de son appartement à peine fermée, ils avaient plongé sur le grand lit d'Iso-Yellow pour n'en ressortir que bien plus tard, presque persuadés d'avoir chacun fait la rencontre de leur vie.

Finalement, le message d'Iso-Yellow ne contient que des banalités. Séquoïa reste dubitatif avant de se décider à lui envoyer son hologramme.

— Bonjour John-John, merci de m'appeler.

— Bonjour Iso-Yellow.

— La dernière fois que nous nous sommes vus…

— Il y a deux ans. Ne me dis pas que c'est la nostalgie qui te pousse à me contacter ?

Iso-Yellow ne prend pas la peine de réagir à la pique et se dirige vers la terrasse. John-John aperçoit par la porte entrouverte de la chambre, un bout du lit sur lequel…

Elle porte une robe longue légère et a posé sur une épaule le châle vert pâle qu'il lui a offert à Saint-Malo lors de leur seul week-end hors de la métropole. Un acte manqué prémédité ? Ou bien simplement a-t-elle oublié sa provenance ? Elle se retourne et le regarde comme elle sait le faire, en le vrillant sur place. Il ne tombera pas dans le piège, se promet-il.

— C'est pour ça que je t'ai quitté John-John. Tu faisais de notre relation un combat, alors que je ne souhaitais que l'harmonie.

Séquoïa a l'impression de rêver en entendant cela, mais il n'essaye même pas de la contredire, ni d'argumenter. À l'époque de leur rencontre, Iso-Yellow utilisait depuis deux ans les services d'un mentor psychologique payé à prix d'or. Un nuisible de la pire espèce. Les mentors psychologiques forment probablement la pire invention de ces trente dernières années. Les charlatans, les gourous, les éminences grises, les thérapeutes escrocs, existent depuis la nuit des temps, mais jamais encore ils n'avaient réussi à se fédérer en profession. Iso-Yellow avait probablement écopé du pire mentor psychologique de la métropole, un fourbe qui savait manipuler les sentiments comme personne, un détrousseur dissimulé derrière un masque d'empathie, ne lâchant sa proie qu'une fois à terre, vidée de son sang, de son argent et de tout espoir. John-John l'avait percé à jour dès la première seconde et s'était retenu une paire de fois de lui coller son poing dans la figure, mais il savait qu'il aurait perdu immédiatement Iso-Yellow, persuadée que son épanouissement et son perfectionnement personnel résidaient dans la relation qu'elle entretenait avec le psychothérapeute déviant. Finalement, elle avait quitté John-John au bout de huit mois, chauffée à blanc par le mentor psychologique.

— Venons-en au fait, si tu le veux bien, lui dit-il assez froidement.

— Je t'ai vu mardi soir sur le réseau.

La soirée au *One Forest* avait été diffusée en accès libre pour que la terre entière puisse profiter de la vie géniale de Gengis Déko-Marcus.

— Tu suis ce genre d'événements, maintenant ?

— Parfois, répond-elle un peu gênée. Je ne savais pas que tu connaissais Gengis.

— Je participais à la soirée pour des raisons professionnelles.

— Et comment est-il dans la réalité ?

John-John accuse le coup sans broncher mais une petite déflagration intérieure ravage son cœur.

— C'est pour discuter de Déko-Marcus que tu souhaites me voir ?

— Entre autres. Je ne te cache pas que j'aimerais le rencontrer.

Elle n'hésite pas longtemps avant de porter l'estocade.

— Peux-tu me dire où lui envoyer mon hologramme ? Je veux dire, sur sa ligne de réception privée.

John-John échappe à son regard envoûtant et lui transmet le code holosat d'Aurora Kraft.

— Débrouille-toi avec elle, mais c'est un vrai chien de garde.

Il rapatrie son hologramme sans perdre de temps en civilités et se jure de ne plus jamais avoir de contact avec Iso-Yellow. Il revient à son écran. Les trois recherches qu'il a lancées ont abouti.

X

Depuis le bureau des binômes, Chrysostome regarde les informations. La mort de Madeleine ne fait plus la une mais compte tenu d'une solidarité corporatiste bien vivace, le sujet n'a pas quitté l'actualité. En plateau, deux grands témoins sont invités : l'hologramme du substitut du procureur, présent pour faire un point sur l'enquête, et Némus, venu en personne honorer la mémoire de Madeleine.

Le reportage édifiant montre l'immeuble de Madeleine filmé de l'extérieur. Un journaliste, laser en main, désigne la fenêtre de son salon entourée d'un lierre très épais. Deux voisins ont accepté d'être interviewés pour dire qu'ils connaissaient bien « *Madeleine Magnificat, une voisine discrète, qu'on ne rencontrait pas souvent, mais toujours aimable et qui transmettait son hologramme sur-le-champ pour discuter des problèmes à régler dans la copropriété...* ». Le journaliste ne s'avance guère dans les hypothèses, ouvrant avec une belle générosité toutes les pistes possibles, du crime crapuleux à l'agression sexuelle en passant par la vengeance professionnelle. Évidemment, un focus est fait sur un éventuel mobile politique – c'est de loin l'hypothèse la plus séduisante pour la profession. Enfin, un martyr dans la presse métropolitaine ! Il y aurait matière à en faire ses choux gras pendant des mois. Retour sur le plateau. Le présentateur réel fait grise mine. On le sent particulièrement ému et il semble convaincu par les platitudes qu'il débite.

Toute l'année, il annonce les pires catastrophes, les faits divers les plus glauques, mais là, on vient de l'atteindre personnellement et directement. Il prend sa part du drame. Il annonce ensuite une séquence retraçant brièvement la carrière de Madeleine. On y évoque son goût pour l'investigation journalistique. Un long fil saugrenu est tiré, comparant son travail à celui des gloires passées du journalisme d'enquête. Le Watergate est même mentionné sans qu'on comprenne pourquoi. Bref, les thuriféraires ne sont pas loin. La chaîne dispose finalement de peu d'images de Madeleine. Une ou deux vieilles photos, tirées probablement des réseaux sociaux, et quelques secondes d'archives vidéo d'une soirée au club de la presse de la métropole. Cette pauvreté d'archives semble furieusement signifier que Madeleine a sans doute demandé ou procédé à son effacement des réseaux sociaux. La séquence suivante aborde les quelques lièvres que *La Vigie* a levés : des histoires de pots-de-vin, des bulletins de vote électronique bidouillés à l'occasion des dernières élections… De retour sur le plateau, le présentateur du journal se tourne vers le procureur et le somme de compléter ce qui vient d'être dit.

— Confirmez-vous, monsieur le procureur, que toutes les pistes évoquées à l'instant sont ouvertes.

— À ce stade, commence le magistrat, en articulant bien ses propos, je vous confirme que nous ne privilégions aucun mobile dans la mort de Mme Magnificat. Les fonctionnaires de la police judiciaire, avec l'appui des techniciens de l'identité judiciaire, ont dirigé les débuts de l'enquête. Un juge d'instruction a été nommé…

— Sait-on si l'assassin a agi seul ou bien si l'on a affaire à plusieurs individus ?

Le procureur toussote brièvement, ajustant ses pensées avant de parler :

— Le fait important qui nous permet d'être optimiste pour la suite de l'enquête est que le meurtrier – car nous pensons à un acte isolé – a laissé une quantité anormalement élevée d'indices, notamment corporels.

— Vous voulez dire que vous avez retrouvé des traces…

— Non seulement des traces, mais des cheveux, des poils pubiens, du liquide séminal… Toute une série d'indices que je qualifierai d'irréfutables et propres à constituer un…

— Et dans ces conditions, pourquoi n'est-il pas déjà appréhendé ?

— Nous voulons mener une enquête exemplaire.

Le présentateur tourne un regard entendu vers la caméra, complice de fait des spectateurs sur le créneau « on nous cache des trucs ! Tous incompétents… ».

— Vous voulez dire qu'il n'apparaît pas dans vos fichiers ?

Il a trouvé l'accroche, il ne va pas lâcher le morceau.

— Je n'ai pas dit qu'il n'apparaissait pas dans les fichiers. Simplement, il faut effectuer les recoupements d'usage et…

— Enfin, tout de même monsieur le procureur, notre consœur est morte hier. Vous affirmez aujourd'hui pouvoir disposer d'un certain nombre d'indices prélevés sur la scène et, pour autant, aucune piste ne ressort !

Nouveau toussotement préparatoire de la part du magistrat.

— Est-ce à dire que les premiers éléments que vous avez recueillis vous conduiraient vers un membre de l'entourage de Madeleine Magnificat ?

L'homme de loi souffre visiblement. On sent qu'il aimerait bien remettre le journaleux à sa place. Il est venu pour se montrer sur un plateau, pas pour se faire dégommer. Chrysostome ne peut s'empêcher de sourire devant la déstabilisation du substitut. « Chacun son tour », dit-il à haute voix.

— Dans l'entourage ?

Le magistrat appuie chaque syllabe.

— Il est trop tôt pour le dire, mais on ne peut absolument pas écarter l'éventualité que le tueur connaissait sa victime. C'est d'ailleurs le propre d'un enquêteur que d'explorer…

— J'entends bien, vous privilégiez donc cette piste de proximité ?

— Ce n'est pas ce que j'ai dit. Par l'emploi du verbe connaître, je veux dire que la piste d'un viol suivi d'un meurtre ne m'apparaît pas comme la plus indiquée. Mais tant que tous les éléments constitutifs d'une instruction ne sont pas réunis, on ne peut en aucun cas se montrer affirmatif, c'est la base de notre métier.

Le présentateur abandonne brutalement le procureur, pantelant, pour se tourner vers Némus.

— Titus Némus, vous êtes journaliste, vous étiez un proche de Madeleine, son collègue, celui, peut-être, qui la connaissait le mieux. Que ressentez-vous à l'idée de son absence ?

Némus semble vaseux. Il a bu, cela se sent même à travers l'écran. Mais, au-delà des indices d'alcoolémie poussée, son visage montre les signes d'un ravage plus profond. Némus est triste, cela se voit. Ses yeux rougis n'ont pas pour origine l'alcool. Il a beaucoup pleuré. Le maquillage n'y suffit pas, ses pommettes boursouflées et son nez gonflé montrent l'étendue de son chagrin.

— Je suis sous le choc de sa mort. Tout cela est atroce, et je ne suis pas encore dans l'idée de son absence.

Madeleine était un être… Qui pouvait lui vouloir du mal ? Quiconque la connaissait ne pouvait que louer sa grâce.

— Monsieur le procureur semble vouloir dire le contraire, l'interrompt doucement le présentateur. Peut-être qu'un de ses proches aurait…

— Je n'ai jamais dit cela, bredouille le magistrat…

Chrysostome arrête la transmission à cet instant, cale son dos contre le dossier du fauteuil et appelle l'hologramme de Térébenthine M'Ba, la cyber-documentaliste, au moment où Mahmouti s'avance dans le bureau. Térébenthine M'Ba apparaît, le cheveu défait comme à son habitude, et l'air d'être sortie de son lit il y a tout juste deux secondes.

— Bon, débute-t-elle, j'ai passé le cas Magnificat à la moulinette avec tous les mots clés possibles : femme, blonde, sexe, battue, journaliste. Je vous passe la somme de tous les crimes sexuels impliquant une femme en Europe ces dernières années. Des trucs tordus, ça n'est pas ce qui manque. Le problème avec ce type de meurtre sans arme, c'est qu'il se confond souvent avec les crimes de couple, auparavant appelés crimes passionnels, précise-t-elle en faisant une moue. Parce que, ajoute Térébenthine, en regardant tour à tour les deux hommes qui lui font face, tuer à mains nues, c'est la technique préférée des mâles quand ils ont un petit coup de chaud avec leur femme. En fait, il faudrait que nous ayons accès à tous les rapports d'enquête de ce type pour savoir s'il y a une corrélation entre notre meurtre et ceux commis par des types qui n'ont pas de lien direct avec leur victime. J'ai bien trouvé des points communs avec certaines affaires, mais elles sont médiatiques et, dans un grand nombre de cas, les meurtriers sont enfermés pour un sacré bout de temps. Si vous voulez mon point de vue, corroboré par celui de la banque de données psychologiques, deux possibilités s'offrent à nous : soit le meurtre est le fait d'un détraqué qui n'en est pas à son premier acte, soit ce crime est le premier d'une série qui s'annonce. Dans les deux hypothèses, on a un problème.

— Dans le premier cas, cela peut signifier que notre inconnu n'est pas d'ici, car nous n'avons pas eu d'affaires similaires récemment, avance Chrysostome.

— Pas forcément, intervient Mahmouti. Nous avons une bonne douzaine de disparitions de femmes non résolues à l'échelle de la métropole depuis vingt ans. Elles peuvent très bien avoir été battues à mort et jetées quelque part. La ville ne rend pas tous ses morts, vous le savez aussi bien que moi.

— Dans ce cas, pourquoi aurait-il laissé Madeleine Magnificat dans son appartement plutôt que de cacher son corps ?

— Bon, il faut affiner ce point Térébenthine, s'agace Chrysostome. Je veux l'ensemble des extractions chiffrées de toutes les disparitions et celles des meurtres commis sur des femmes ces dernières années. Géolocalisations, horaires, pourcentages, probabilités, tout, jusque dans le moindre détail.

Mahmouti éteint l'holosat sur un dernier soupir de Térébenthine M'Ba.

— Foutaises ! peste Chrysostome. Il faut arrêter avec les tueurs en série et autres psychopathes. Madeleine Magnificat, journaliste de son état, est retrouvée assassinée à son domicile après avoir été battue à mort après une nuit d'amour ou de sexe. Quelque chose ne colle pas !

Chrysostome se lève, attrape son blouson et ouvre la porte à Jean-Moktar. Dans le couloir, ils croisent le binôme 77 qui a gagné les plus grosses primes de résultats de la PJ l'année passée.

— Salut les gars, leur lance Brenda Karkowitch tandis qu'Irving Capel, son technicien, les fixe avec son éternel petit air bravache. Ramirez nous a dit qu'il fallait vous donner toutes les informations liées à l'affaire Magnificat, c'est bien ça ?

Chrysostome acquiesce sans ouvrir la bouche. Il sent venir l'embrouille.

— Pouvez-vous simplement me dire quel est l'intérêt du binôme 77 de filer des tuyaux au binôme 125 ? L'aider à boucler son enquête et puis à percevoir le joli pactole qui va avec, c'est ça ?

— Écoute Karkowitch, on ne te demande rien, si ce n'est de nous foutre la paix. Quand on aura besoin de toi, on avisera.

— Allez, on est sympas, on va quand même vous tuyauter. Ce qui saute aux yeux, sur votre scène de crime, c'est que la petite a dû s'en payer une tranche avant de calancher. Elle n'avait pas froid aux yeux la miss. Si j'étais à ta place Chrysostome, je ratisserais le fichier des délinquants sexuels, en long, en large et en travers, et je ne perdrais pas mon temps à autre chose… La leçon est gratuite.

***

La tour Vérone, dans laquelle Madeleine Magnificat a vécu, a été végétalisée quinze ans auparavant de telle sorte que pas un pouce de béton n'est plus décelable. Comme tout le pâté d'immeubles, un tapissage de plantes grimpantes, vigne vierge, jasmin étoilé, houblon doré, créent le décor végétal du bâtiment. Chrysostome et Mahmouti se répartissent la visite. L'entrée nord pour l'un et la sud pour l'autre. Chrysostome se rend dans la loge d'un des deux concierges. La loi obligeant la réintroduction d'un gardien dans chaque structure de plus de cent vingt résidents a été bénie par l'ensemble des forces de sécurité du pays. Les gardiens deviennent, dans les faits, des supplétifs de la police, ce qui les rend suspects aux yeux des habitants des immeubles dont ils ont la charge, mais également intouchables compte tenu de leur statut particulier. Ils permettent chaque jour la résolution d'un nombre important d'affaires et la prévention incalculable d'actes délictueux. Chrysostome et ses collègues continuent à se demander comment les générations antérieures d'enquêteurs ont pu faire leur boulot sans cet apport.

Charles-Amédée de l'Herbéchère le reçoit dans sa loge. Grand et élancé, la chevelure abondante, le visage fin doté d'un nez aquilin et de lèvres fines, on pourrait l'imaginer à peu près partout sauf dans une loge de gardien à donner des badges d'entrée toute la journée. Il vient de terminer la distribution des colis aux particuliers et de vider le container des déchets alimentaires près de la grande benne de récupération.

— Si ça continue, on court à la catastrophe. On a déjà les rats et depuis aujourd'hui, ce sont les mouettes qui commencent à arriver. Déko-Marcus devrait reprendre les choses en main, c'est à lui de résoudre les problèmes avec la *Coginet*.

Au premier abord, il paraît plutôt sympathique, mais Chrysostome déplore rapidement le léger sourire collé en permanence à son visage.

— Nous n'avons guère eu le temps d'échanger lors de la découverte du corps, commence-t-il. Avez-vous une version de ce qui a bien pu se passer le jour du crime ?

Le gardien l'invite à s'asseoir et sort deux tasses d'un petit placard. Chrysostome observe que l'homme vit en célibataire. Le lit près de la fenêtre ne propose qu'une place et tout dans son intérieur sent le mâle agencement.

— Café ?

— Parfait.

La loge dispose de tout le matériel électronique et informatique de dernière génération. Le diffuseur d'hologrammes est récent et le central de détection permettant de recueillir les informations récoltées par le réseau de micros et caméras dissimulés dans les murs intérieurs de l'immeuble paraît neuf. Aucun déplacement ne peut échapper à la vigilance du gardien. La réglementation permet de conserver les enregistrements numériques pendant trois jours, mais une boîte noire prolonge le délai d'une quinzaine de jours aux fins éventuelles d'enquête, notamment pour les assurances. Elle est actuellement à l'étude dans le laboratoire du service métropolitain de la police judiciaire.

— Votre collègue a déjà tout regardé, anticipe Charles-Amédée de l'Herbéchère.

— Je sais. Je suis plutôt ici pour saisir des impressions. Vous savez, la police technique et scientifique tient le haut du pavé depuis trois quarts de siècle. Sans elle, on ne serait pas grand-chose, mais quand on procède à l'ancienne, on obtient également des résultats. Rien ne vaut deux regards qui se croisent, une nervosité qu'on décèle, un détail dans le panorama.

L'autre acquiesce. Il a l'air de comprendre.

— Vous pouvez créer des hologrammes perfectionnés, prélever les infimes parties d'un corps, les sucs indécelables, vous pourrez analyser les odeurs, les sons, toutes ces empreintes corporelles, mais vous n'arriverez jamais à restituer ces petites tensions entre protagonistes qui permettent de dévider la pelote.

Sur le mur, au-dessus du casier à clés, un vieux papier parcheminé encadré de baguettes dorées porte une belle et ancienne écriture penchée.

— Je suis le dernier baron de Quédillac, dit-il en suivant le regard de Chrysostome. Quédillac est un petit village pas loin d'ici. Baron Charles-Amédée de l'Herbéchère, videur de poubelles et serpilleur de cages d'escalier. Bon, allons-y pour les questions.

— Quelle impression vous faisait Madeleine Magnificat ? Je veux dire, comment la résumeriez-vous ?

— Intelligente, travailleuse, volontaire, fragile. Elle donnait trop d'importance aux hommes, voilà sa véritable faille.

— Vous voulez dire qu'elle multipliait les conquêtes ?

— Honnêtement, je ne sais pas ce qu'elle faisait avec tous ces types. Si vous voulez mon avis, je trouvais qu'elle se perdait dans le nombre. Je ne suis pas psychologue mais enfin, depuis que je fais ce métier, j'en ai vu passer du monde et je dirais que Madeleine Magnificat appartenait à la famille des filles un peu perdues. Fortes en apparence, mais trop tendres à l'intérieur. Il lui a manqué peut-être un père, ou bien elle a fait une mauvaise rencontre masculine dans sa jeunesse, je ne sais pas. En tout cas, elle ne méritait pas ce qui lui est arrivé. C'est stupide de dire cela, d'ailleurs, on ne mérite jamais de tomber sous les coups d'une brute et d'en perdre la vie. Madeleine Magnificat, insaisissable et légère, plaçait la liberté devant tout le reste, pas par égoïsme mais parce que sa survie en dépendait. Je crois que son mode de vie l'a tuée.

— Avez-vous eu une relation avec elle ?

— Oui. Je n'ai pas eu le choix.

— Comment ça ?

— Madeleine vous enveloppait et vous attirait dans ses filets. Elle vous choisissait. Ce n'était jamais le contraire. Avec elle, on avait l'impression d'être invulnérable et puis hop, juste après vous avoir essayé, elle vous jetait. Deux fois, c'était toujours trop pour elle. Aussi simple que ça.

— Cette information ne figure pas dans le rapport.

— Laquelle ? Son goût pour les hommes ou le fait qu'elle m'ait choisi ?

— Les deux.

— Avant vous, je n'étais pas certain que la police s'intéresserait aux études de mœurs d'un concierge.

— Donnez-moi votre hypothèse.

Le baron-concierge Charles-Amédée de l'Herbéchère plonge son index dans son abondante chevelure pour se gratter le crâne, sans se départir de son sourire.

— Je classerais Madeleine parmi les instinctives. Elle ne calculait rien, mais elle possédait la capacité d'humilier les autres, pas par plaisir, mais simplement parce qu'elle en ressentait le besoin, au risque de blesser, de dire les choses comme elles lui apparaissaient sans s'embarrasser de fioritures qui masquent la vérité. A-t-elle dit quelque chose de déplaisant à son dernier amant ? Peut-être.

Le baron se lève pour donner son colis à un résident qui pointe sa tête au-dessus du guichet. Après quelques paroles échangées, il retourne s'asseoir en face de Chrysostome.

— Quelque chose cloche pourtant. Madeleine savait être dure et n'aimait rien tant que de dire ce qui lui passait par la tête, mais elle était intelligente, elle savait aussi revenir en arrière. Elle aurait calmé son étalon du jour, l'aurait ramené à la raison, puis à la fin, elle l'aurait gentiment poussé vers la porte sans qu'il ait eu le temps de voir venir le coup. Elle maîtrisait la psychologie masculine comme personne, elle les devinait, savait naviguer entre leurs écueils…

— Bon, sortons de ce registre. Lui connaissiez-vous des ennemis, avait-elle créé des rancœurs de voisinage ?

Il hésite un instant.

— Je ne peux pas faire l'impasse sur une information.

Chrysostome sent que le moment est venu où la vase va remonter. Il en est toujours ainsi dans une enquête de voisinage, il faut toujours que le type un peu bizarre, pas sympa, en dehors des clous, soit montré du doigt.

— Elle entretenait des relations exécrables avec un voisin de palier.

Il ajoute cela en portant un œil rêveur sur ses lettres de noblesse. Chrysostome se lève, remercie le concierge et lui donne les coordonnées de son hologramme avant de se diriger vers l'ascenseur.

Kévin Tixier doit avoir un peu plus de 70 ans mais pour défier son âge, il se teint les cheveux d'un noir de jais et porte des habits qui n'auraient pas fait tache sur un adolescent de 15 ans. Il arbore un short et un tee-shirt sur lequel est écrit « J'ai la rage ». Chrysostome remarque que le voisin le plus proche de Madeleine Magnificat s'est fait poser des implants musculaires au niveau des mollets ainsi qu'aux biceps. Leur aspect figé ne trompe personne. Tixier pose sur la table sa casquette floquée du nom du club de basket de Rennes et invite Chrysostome à s'asseoir. Retraité depuis peu du parc d'attractions *Décennios*, il accueille le lieutenant avec la satisfaction de ceux qui retrouvent provisoirement un semblant de lien social. Le petit souffle de l'agitation vient de le sortir de son bain de formol.

— Vous voyez, sur le buffet, commence-t-il en monopolisant la parole, c'est mon cadeau de départ. *Décennios* m'offre deux jours par an au parc jusqu'à la fin de ma vie.

Tixier semble tellement satisfait que Chrysostome se retient de lui avouer combien l'idée lui paraît absurde.

— Et puis les collègues m'ont offert ça.

Il lui montre une gourmette vraisemblablement plaquée or, portant son prénom Kévin.

— Vous êtes-vous déjà rendu dans un parc *Décennios* ?

Chrysostome n'a pas le temps de répondre que déjà Kévin Tixier enchaîne :

— Le concept est né dans les années 2020, après la première crise sanitaire. Le premier parc était composé de dix quartiers figurant chacun une décennie, depuis les années 1920 jusqu'aux années 2020. Tout y est restitué à l'identique, les immeubles, les enseignes lumineuses, les réclames… Par exemple, vous arrivez dans le quartier des années 1960, vous vous habillez comme à l'époque, vous mangez les produits de l'époque et vous écoutez la musique qu'on écoutait dans les années 1960 en faisant du shopping spécial années 1960...

— Désolé de vous interrompre, monsieur, mais j'ai beaucoup de questions à vous poser…

— Bien sûr. Je comprends.

— Comment qualifieriez-vous vos relations avec Mme Magnificat ?

Le visage de Kévin Tixier s'assombrit aussitôt.

— Votre collègue…

— Je sais que vous avez déjà parlé avec mon collègue. On m'a dit que vous n'étiez pas au mieux avec votre voisine.

Une vague rouge monte au front du retraité.

— C'est le sang bleu déchu qui vous a dit ça. Ce petit furet déclassé ! J'ai demandé son remplacement en réunion de syndic. Il ne sert à rien ce type, à part sauter sur tout ce qui bouge. D'ailleurs, il a dû vous dire qu'il avait eu une liaison avec la fille d'à-côté.

— La fille d'à-côté, comme vous le dites si bien monsieur, a été battue à mort.

Tixier adopte très brièvement un air contrit :

— Désolé… Elle est morte, il faut la respecter, nous sommes d'accord. Mais elle-même ne se respectait pas trop.

— Qu'entendez-vous par là ?

— Je n'ai jamais compris cette fille qui sortait avec tous ces hommes.

— Vous la trouviez trop libre ?

— Je ne suis pas né de la dernière pluie, vous savez. La société fonctionne comme cela depuis toujours. Mais je trouvais Magnificat arrogante.

— Avez-vous jamais franchi le seuil de sa porte ?

— Si, une fois, pour une histoire de fuite d'eau. Je l'ai toujours regretté. Une telle égoïste.

— Pourquoi dites-vous cela ?

— Elle était du genre à ne penser qu'à sa petite tête, c'est tout.

— Je ne comprends pas le sens de vos propos. Vous vouliez dire qu'elle était ingrate. Vous vous attendiez à ce qu'elle récompense vos efforts, c'est ce que je dois comprendre ?

Kévin Tixier semble décontenancé par la tournure de la discussion.

— Et sa chambre ?

Tixier regarde Chrysostome avec un drôle d'air.

— Quoi, sa chambre ?

— L'avez-vous visitée ?

Pour le coup, Kévin Tixier s'offusque. Il se lève d'un bond comme s'il était monté sur des ressorts, le visage empourpré par l'affront.

— Vous ne comprenez pas les nuances ? Il faut toujours tout expliquer, aujourd'hui. Moi, je ne couche pas monsieur. Je suis abstinent depuis presque toujours. C'est le meilleur choix que j'aie jamais fait dans ma vie. J'ai demandé à subir une vasectomie quand j'ai eu 30 ans, c'est vous dire comme la question m'intéresse de loin. J'ai la paix des sens, complète et irrémédiable, et je m'en porte très bien.

Il semble frôler la crise d'apoplexie.

— Calmez-vous M. Tixier. J'ai besoin d'éléments concrets concernant la nuit du crime. Avez-vous observé des éléments inhabituels, des faits sortant de l'ordinaire, des mouvements, des cris ?

Tixier se rassied en inspirant de larges bouffées d'air :

— Je ne faisais plus attention à l'activité de ma voisine depuis bien longtemps. J'avais fait le choix de l'ignorer simplement. Elle me mettait mal à l'aise, si vous voulez tout savoir. Il me semble que rien ne l'intéressait, hors la satisfaction de ses besoins primaires. C'est l'idée que je m'en faisais.

— Cela vous gênait-il qu'elle ne vous prête pas attention ?

— Pfff ! répond le petit homme en haussant les épaules. Cette indifférence était largement partagée.

— Faites un effort, c'est important. Rien ne vous a paru suspect ? Un fait inhabituel ? insiste Chrysostome.

Kévin Tixier pose son front sur ses deux mains ouvertes et se lance dans une intense réflexion :

— Dernièrement, elle recevait un type qui ne semblait pas trop vouloir se faire remarquer. Je l'ai entraperçu deux fois. La dernière fois, un soir, il y a quinze jours, je revenais de la piscine et en arrivant sur le palier, j'ai aperçu l'homme sur le seuil de sa porte. Ils échangeaient un baiser, ou quelque chose d'approchant. En tout cas, ils se trouvaient proches l'un de l'autre. Je ne saurais dire s'ils s'enlaçaient. Elle m'a vu et l'a entraîné dans son appartement. Je suis entré dans le mien et j'ai regardé par le judas. Il est sorti de chez elle sitôt que j'ai disparu, assez précipitamment d'ailleurs, en passant devant mon appartement. Je suppose qu'il ne voulait pas emprunter l'ascenseur pour éviter les captations d'images.

— À quoi ressemblait-il ?

— Je ne saurais vous dire précisément, mais compte tenu de son attitude fuyante, il m'a semblé ne pas vouloir être décelé par les capteurs. Je dirais, à sa démarche, qu'il n'était plus très jeune. Et pour tout dire, il m'a donné l'impression que je le connaissais. Pas personnellement, cela ne m'aurait pas échappé. Mais enfin, son allure générale me semblait comme familière.

XI

Ils ont prévu de se retrouver au parc. Oméga regarde flotter les zeppelins dans le ciel. Il ne se lasse jamais de ce spectacle qui l'emplit d'un sentiment de liberté. Pourtant, il ne les emprunte jamais, il a peur du vide. Les accidents sont rarissimes, mais il a toujours en tête le drame de Quimper, trois années auparavant. Deux zeppelins se sont télescopés suite à une manœuvre hasardeuse, avant de s'écraser au sol après avoir tournoyé un long moment dans le ciel. Tous ceux qui ont assisté à la scène ont pu entendre le ciel hurler pendant de longues secondes avant, qu'au dernier fracas, ne succède un silence de plomb.

Il patiente depuis plus d'une heure sur le lieu de rendez-vous, assis sous un grand palmier en bordure d'une vigne collaborative. Une pluie minuscule, irréelle, tombe sans faire plus de bruit qu'un léger froissement dans l'air. Il retient fermement Terence pour l'empêcher de détaler derrière un lapin. Au loin, il peut entendre les cris et les rires d'enfants qui courent dans la coulée. Il se sent plus proche d'eux que de n'importe qui au monde. Quelques rares joggeurs passent, des femmes principalement, dont il suit les corps du regard avec convoitise. Il aime voir tressauter devant lui ces chairs pleines de promesses. Il ne ressent aucune frustration d'ordre sexuel. Après tout, il n'y a qu'à se servir. À tout moment, il peut cueillir ces fruits qui passent. À ce moment précis, il se sent profondément bien, détendu, presque heureux, comme on peut l'être quand on ne pense à rien d'autre qu'à la seconde qui s'écoule. Il a toujours aimé la campagne, même lorsqu'elle n'en présente qu'un extrait comme ici. On ne rencontre jamais grand monde à la campagne et cela lui convient bien. Quand il commence à faire chaud, pour fuir les premières touffeurs qui enveloppent la cité, il va souvent dormir à la belle étoile avec Terence. Il emmène un sac de couchage, de la bière, du revival spray acquis chez Freddy le Margouillat, un ou deux pétards et il s'enfonce dans un bois, pousse parfois jusqu'à la forêt de Brocéliande.

Le disque dur à messages hologrammiques se trouve dans son petit sac à dos Billabong. Il a bien tenté d'écouter ce que le disque contient, mais il n'y a rien de bien passionnant dans les mots de la journaliste. C'est décousu et sans intérêt. Un instant, il repense au corps de Madeleine Magnificat plein et chaud. Il frissonne légèrement de plaisir à l'image de ce corps transporté par la jouissance. Quand il se revoit sur le point de lui écraser le visage avec le tabouret, il ressent un bref tressaillement parcourir son sexe. Il en grimace de honte. Il n'aime pas associer le sexe et la violence, préférant laisser cela aux tarés. Dommage, quand même, il aurait encore pu profiter de ce corps accueillant…

La végétation humidifiée commence juste à rendre ses odeurs de terre et de feuilles quand Alpha arrive par la gauche près de l'ancienne caserne des pompiers désormais désaffectée. Son pas est lent mais assuré. Il a toujours admiré la manière dont Alpha parvient à mettre le monde à son rythme. Alpha lui fait un signe de la main puis se porte à sa hauteur pour l'enserrer entre ses bras, dans une accolade franche dont il sent toute la chaleur lui monter au front. Alpha l'apprécie, cela ne fait pas de doutes. Ils s'aiment bien en fait.

Alpha prend place à ses côtés, à même l'herbe humide et tend la main pour récupérer le sac dans lequel il s'empresse de fouiller. Finalement, il émet un petit gloussement de satisfaction en sentant le disque dur sous ses doigts. Puis il sourit et lui tend un papier plié en quatre avant de se lever et de s'éloigner sans dire un mot. Il regarde partir Alpha le dos légèrement voûté. Ils ne se parlent plus beaucoup. Il aimerait qu'ils se parlent davantage.

XII

L'application *Localis 2048* a régurgité près de deux cent cinquante faits notables de dégradation impliquant un bien immobilier appartenant à Gengis Déko-Marcus. À la lecture de la restitution, John-John ne doute plus que le président de la métropole doit être une des personnalités les plus attaquées du pays. Dans une grande majorité des cas, il s'agit simplement de détériorations matérielles mineures, comme des tags à la pointe de diamant sur les vitrines du groupe, ou bien encore des symboles de contestation comme l'apposition de bandeaux noirs barrant les panneaux signalant les propriétés du consortium *UbiKus*. John-John continue à éplucher toutes les données sorties par l'application et, trois heures plus tard, parvient à classifier puis à hiérarchiser toutes les informations. Il en ressort que les bâtiments liés à l'activité de communication du groupe sont principalement visés. Aucun des immeubles et propriétés de la branche agro-alimentaire, pourtant très controversée avec la recherche, le rachat et l'exploitation intensive de terres fertiles à travers le monde, n'est ciblé. De même, tout ce qui concerne le développement des services à l'usage des plus de 85 ans paraît ignoré par les vandales, ainsi que les centres de recherche sur les membranes et les capteurs. John-John lance une nouvelle recherche pour obtenir une granulométrie plus fine dans son enquête. Au bout du compte, il est en mesure de retracer l'ordre et l'importance des attentats qui tous visent, de près ou de loin, l'activité *hologrammes* du consortium.

La deuxième recherche portant sur les arrêtés administratifs pris lors de son mandat de président de la métropole apparaît moins concluante. Rien ne permet de déceler que certaines décisions administratives auraient pu être prises *a contrario* de l'intérêt général et donc en faveur d'intérêts particuliers. La piste d'une vengeance liée à une entreprise lésée lors d'un marché public ne semble pas tenir, ni celle d'un groupuscule froissé par la gestion politique de GDM à la tête de la métropole. Enfin, il consulte la liste du réseau *Personae* qui permet de répertorier toutes les relations humaines d'un individu depuis sa naissance. Depuis qu'il a vu le jour, Déko-Marcus a rencontré 297 312 personnes, ce qui paraît dans la norme pour un personnage public de cette envergure. John-John resserre la liste aux six derniers mois et crée trois colonnes distinctes selon la fréquence des personnes que GDM a rencontrées. Sa fille Ultramarine, sa responsable de la communication Aurora Kraft, les membres de son cabinet, ainsi que les dirigeants de ses cinq principales filiales et ses six secrétaires particulières figurent dans la première. John-John ajoute à ce palmarès son personnel de maison, l'équipage de ses zeppelins, ses trois chauffeurs et tous ceux qu'il côtoie quotidiennement. Dans la seconde, il place les contacts qu'il entretient de manière sporadique avec son entourage : les membres de son club *Soixante-quinze*, fédérant les chefs d'entreprise, les ingénieurs et les architectes qui ont, chacun dans leur domaine, développé ou créé un concept révolutionnaire d'application courante. John-John complète son inventaire avec les joueurs du club de polo que fréquente le magnat, les personnels de ses dix-neuf résidences secondaires, ainsi que les couturiers et joailliers chez qui il se rend fréquemment.

Enfin dans la troisième liste figurent tous ceux qui ont croisé et parlé au moins une fois à Déko-Marcus ces six derniers mois. Cela va de l'employé de la voirie de la métropole jusqu'aux journalistes, en passant par les groupies et les adversaires qui suivent GDM dans ses déplacements ou à l'occasion de ses nombreuses manifestations publiques. Le total des trois listes se monte à près de 950 personnes. Séquoïa demande à son logiciel de croiser les données des trois actions de recherche et attend quelques secondes en pianotant sur le bord de son bureau. Enfin, les conclusions s'affichent sur son écran vertical suspendu. Dix-sept noms s'avèrent communs à deux listes et trois seulement se retrouvent dans chaque fichier, mais à sa grande déception, il s'agit de sa fille Ultramarine, de sa chargée de communication Aurora Kraft et de Brandon Acid, le chef de la sécurité de la tour Élektra.

John-John repense à la commande passée par GDM et se demande à quel point le président lui a dit toute la vérité. Ce genre de personnages ne met jamais tous ses œufs dans le même panier, c'est le secret de leur réussite. Le système ultra cloisonné mis en place par Déko-Marcus implique que chacun de ses collaborateurs – dont John-John provisoirement – détienne une partie de connaissance insuffisante pour comprendre la stratégie élaborée au dernier étage de la tour Élektra ou dans le bureau du président de la métropole. GDM est persuadé qu'une force occulte a entamé des manœuvres contre lui, a ligué des éléments suffisamment structurés pour le mettre en difficulté. Il a déjà subi de nombreuses attaques de la part d'organisations de défense des libertés individuelles ou de groupes anarcho-libertaires dont le combat s'établit et se règle selon la notoriété de l'ennemi, en l'occurrence le mastodonte économique créé par Déko-Marcus. Le magnat ne compte également plus les attaques virulentes des organes de presse indépendants et celles des partis politiques qui rêvent de mettre un autre dirigeant à la tête de la métropole. Et puis, sur l'autre plateau de la balance, il peut compter sur l'adhésion des minorités ethniques, religieuses ou sociales, dont les voix portent lorsqu'elles sont unies. C'est pour cela qu'il a autant investi dans les zones périphériques de la métropole, parmi les couches les plus fragilisées de la population, et qu'il choie à ce point les seniors, le cœur de son électorat.

Lors de la soirée au sommet de la tour Élektra, GDM lui a fait part de son intime conviction. L'ennemi avance, masqué, sans faire d'éclat, avec cet entêtement et cette détermination secrète qui l'inquiètent particulièrement. Malgré de nombreuses questions, GDM n'a pas voulu être plus précis et dévoiler les bases de ce qui fonde son opinion. Il a simplement dit à John-John de trouver d'où partaient les attaques et qui se trouvait à la manœuvre. Pour le reste, en sa qualité de chef, il aviserait.

John-John se lève après une nuit difficile, la tête encore encombrée par son travail de la veille. Un malaise l'a contraint à éteindre ses sept écrans. Un détail lui trotte dans la tête, mais il n'arrive pas à le cerner. Il procède à de longs étirements sur la terrasse. Plus bas, sur un immeuble en terrasses, il aperçoit un type qui jette par-dessus la rambarde de son balcon un sac poubelle plein de détritus qui se fracasse sur le branchage d'un marronnier déversant son contenu répugnant. Il prend sa douche et ingurgite les six pilules essentielles avant de s'habiller. Il installe son poste de travail sur la terrasse et décide de consacrer encore deux heures à ses recherches avant d'aller chercher Dupont. Il se penche à nouveau sur ses listes, effectue d'innombrables croisements, mais ne parvient pas à trouver la faille. Il est pourtant persuadé de toucher du doigt un bout de vérité. Il se lève pour aller contempler la végétation des immeubles. Il aperçoit un écureuil qui détale aussitôt, bondissant de branche en branche. Bientôt, il ne voit plus que le feuillage frissonner sous les sauts de l'animal. Et puis, un voile soudain se déchire. Parmi la masse de documents qu'il a visionnés depuis la veille, son cerveau connecte deux bribes, deux informations qui circulaient depuis un certain temps sans se trouver. Il retourne à ses écrans et cherche la liste *Personae*. Il se souvient d'un certain Gary Edelstein dont il a vu passer le nom. Lors d'un meeting de GDM au Roazhon Park devant les représentants internationaux de la puissante filière virtuelle, Edelstein avait, en dépit de toutes les barrières anti-hologrammes, réussi à positionner son hologramme près de la tribune où se tenait GDM et à perturber la manifestation en apostrophant le président de la métropole. La prouesse technique s'avéra remarquable. Elle fut visionnée vingt-sept millions de fois sur les réseaux sociaux et valut à Gary Edelstein une notoriété aussi subite que durable. John-John fait ensuite apparaître la liste issue de l'application *Localis 2048* et trouve ce qu'il cherche. Les premières attaques physiques contre les ramifications du consortium de GDM ont été revendiquées par le groupuscule *Gaïa II*, dont John-John répertorie trois opérations mineures telle que la projection, depuis un zeppelin, d'une photographie de GDM nu sur la façade de la tour Élektra. Trois jours avaient été nécessaires aux forces de sécurité pour harponner le zeppelin, le diriger vers une zone inhabitée et appréhender les activistes dont une partie avait tout de même réussi à fuir l'appareil en *base jump*. L'action avait fait l'objet d'une campagne de communication dont on pensa qu'elle avait été orchestrée par Inès Chumpi, pasionaria et tête pensante de *Bad Lot*, une cellule de hackers insaisissables. Inès Chumpi mourut deux ans plus tard d'une leucémie. John-John passe du temps sur ce nœud, persuadé que la vérité peut s'y cacher. Il retrace toute la vie d'Inès Chumpi, aligne la liste de tous les individus qu'elle a rencontrés en vingt-sept ans.

Et enfin, la lumière se fait. Inès Chumpi a vécu neuf semaines avec Gary Edelstein, le fondateur de *No Toxine*. Pendant leur liaison, ils ont mis sur pied une action commune, faisant livrer deux tonnes de guano du Pérou devant l'entrée de la tour Elektra. Se renversant en arrière, les poings levés, John-John émet un long sifflement de satisfaction. Il vient de faire le rapprochement. Il a raccordé des individus et des mobiles au groupe de GDM.

Il extrait de ses archives le volumineux dossier sur la nébuleuse contestataire et se plonge dans le gigantesque fourre-tout de groupuscules, de collectifs, d'associations, d'électrons libres qui mènent une vraie guérilla contre tout ce qui peut s'apparenter à l'ordre établi. En comprendre le fonctionnement, les alliances, les trahisons, constitue une vraie gageure. Depuis des décennies, les services de renseignement se perdent dans les méandres de ces microstructures qui naissent, prospèrent et se sabordent dans une volonté affichée de brouiller les pistes. Les pouvoirs publics parviennent à stopper certaines factions, à déjouer des assassinats ou des opérations de destruction, ils démantèlent des cellules clandestines au prix d'une débauche d'énergie. Mais au bout du compte, le moindre échec contrebalance aussitôt une série de succès. John-John s'attarde un long moment sur la deuxième vague d'attentats, plus récente. Deux employés d'*UbiKus* ont en effet trouvé la mort lors de l'explosion d'une bicyclette électrique piégée par une bombe tuyau devant le bâtiment du département *Stratégie* du groupe *UbiKus*. La bombe, constituée d'un tube étroit scellé et rempli d'explosifs, avait l'apparence d'une pompe à vélo. Cette action, comme les autres, n'avait pas été revendiquée, et malgré le déploiement d'un nombre très élevé de binômes de la PJ, aucune piste n'a jamais émergé. Edelstein avait été interrogé et détenu très peu de temps avant d'être relâché faute de preuves. Après sa détention, il avait hanté les holo-forums politiques, se spécialisant dans la diatribe anti-GDM. Enfin, plus récemment, puni d'une peine d'exil incompressible de quatre ans pour avoir récidivé dans l'utilisation frauduleuse de son hologramme, et pour avoir mené de nouvelles actions subversives, il avait quitté la métropole pour fonder vers les monts d'Arrée un phalanstère spéciste.

Un signal se fait entendre. Dupont semble s'impatienter. John-John a décidé d'aller le chercher assez tôt afin d'épargner au vieil homme les chaleurs qu'il redoute tant. John-John prévient son filleul que la cité se trouve empuantie par les dépôts d'ordures stagnantes. Cela ne parvient pas à faire décliner l'envie de Dupont de sortir.

— Où voulez-vous aller ? lui demande John-John au pied de l'immeuble de Dupont.

— Avez-vous votre voiture ?

— Oui.

— Alors demandez-lui de sortir de la ville.

— En semaine, sans autorisation, je n'ai le droit qu'à deux heures de circulation par jour dans la métropole…

— Fichus règlements… Eh bien avançons et quand nous aurons roulé une heure, nous ferons demi-tour.

John-John programme le logiciel pour une conduite automatique d'une heure vers l'ouest et un retour vers l'est en laissant au logiciel le choix de l'itinéraire. Il y a peu de véhicules dans les rues à l'exception de ceux destinés au transport de marchandises. Les trottoirs et les voies cyclables, quant à elles, ont déjà été prises d'assaut. Dupont et Séquoïa constatent le nombre important de femmes et d'hommes portant des masques chirurgicaux sur le visage pour se prémunir des odeurs.

— Je ne sors plus guère de chez moi, commence doucement Dupont. En définitive, je vis comme un reclus. Cela fait longtemps déjà que notre société n'est pas très indulgente envers sa vieillesse. Je comprends tout ça, le poids, le nombre que nous représentons. C'est moche et pas très frais un vieux.

Dupont se tait un long moment, le regard plongé dans les rues qui défilent.

— Auparavant il y avait davantage de soleil dans cette ville. Cette manie de surélever les bâtiments nous a fait perdre du jour et de la lumière. Sans compter cette végétation luxuriante. Alors racontez-moi ce que vous a dit Déko-Marcus l'autre soir.

— C'est pour ça que vous souhaitiez me voir ?

— Mais non.

— Vous savez bien que je ne peux rien vous dire de mes affaires. Ma réputation tient en un seul mot : discrétion.

— Ne vous moquez pas de moi Séquoïa. À qui pourrais-je bien raconter ce que vous me dites ?

— Je dois vous signaler que nous ne sommes actuellement pas dans le rapport normal entre un parrain et son filleul.

— Il me semblait que notre relation s'était affranchie depuis longtemps du cadre administratif fixé par les textes. Me serais-je trompé ?

John-John se contente de sourire.

— Lui avez-vous demandé les raisons de son engagement politique ? insiste-t-il.

— Non, je n'avais aucune raison de le faire. D'ailleurs, je suis persuadé que vous le savez déjà. Après tout, vous connaissez cette ville mieux que quiconque, ses habitants, ses lieux de pouvoir, ses alliances… Vous-même avez déjà tâté de la politique n'est-ce pas, non ?

Dupont se tourne vers son jeune parrain :

— Ma parole, vous avez enquêté à mon sujet !

— C'est un bien grand mot. Je suis curieux, simplement. C'est mon métier après tout. Et puis, nous sommes amenés à nous rencontrer deux fois par mois jusqu'à ce que vous n'en puissiez plus, ou que le secrétaire d'État nous laisse davantage de corde.

— Revenons à GDM, comme on dit chez le *vulgum pecus*, je dois lui reconnaître du talent. Ne soyons pas mesquin, il voisine peut-être même avec un certain génie, en tout cas en ce qui concerne les affaires. Mais c'est du génie du mal dont on parle. Vous voyez la représentation de Yoshitsuya Ichieisai dans le salon de mon appartement ? À chaque fois que je la contemple, il me semble me trouver face à l'un de ces êtres maléfiques dont la confrérie s'épanouit depuis si longtemps. Qui, davantage que lui, a réussi à déporter aussi loin et en profondeur, la société dans ce qu'elle a de plus vil ? Chaque nouvelle génération d'hologrammes qui sort de ses laboratoires enfonce un peu plus l'humanité dans ses confinements les plus absurdes. Il faut être fataliste ou s'en moquer profondément, c'est la seule alternative.

Dupont s'enfonce un instant dans le silence.

— Savez-vous pourquoi je vous ai choisi comme parrain ?

— J'ignorais que l'on pouvait faire un choix en la matière.

— Vous ne savez pas grand-chose mon jeune ami, pour quelqu'un dont le métier est justement d'être très bien informé.

John-John déverrouille le pilotage automatique et reprend les commandes manuelles. Il gare le véhicule sur un terre-plein.

— Qu'entendez-vous par là ? demande-t-il sur un ton agacé.

Dupont part dans un tel éclat de rire qu'une suffocation le contraint à sortir sa petite bouteille d'oxygène.

— Mon Dieu, comme vous êtes drôle jeune Séquoïa. Pensiez-vous qu'un homme comme moi allait supporter qu'on lui place un importun dans les pattes sans broncher et sans avoir son mot à dire. Je trouve déjà tellement absurde, à mon âge, d'être chaperonné par un inconnu sur ordre de l'État, alors n'imaginez pas une seconde que je n'ai pas eu l'intention de garder la main. Remettez le pilote automatique et avançons vers l'ouest tandis que je vous parle.

John-John lâche le volant et appuie sa nuque contre l'appui-tête. Les rues défilent lentement. La beauté de la ville contraste avec les centaines de monticules de déchets qui forment désormais autant de petites pyramides puantes.

— Cela me met en joie que les employés de la *Coginet* aient cessé de faire le ménage dans ces rues. Cela procure une petite ambiance très XXe siècle. Et puis leur patron est un sinistre sire.

— Pourquoi dites-vous que vous m'avez choisi comme parrain ? relance John-John. Si vous ne répondez pas à ma question, j'arrête et vous continuerez à pied.

— Je vous ai choisi parce que je sais d'où vous venez, jeune Séquoïa.

John-John se retourne brusquement vers le vieil homme qui le regarde en souriant :

— Ne m'en voulez pas de savoir sur vous des choses dont vous ne m'avez jamais parlé. Je suis curieux de nature. Vous avez piraté votre fichier *Personae* avec la dextérité du professionnel que vous êtes pour en extraire tout ce qui pourrait vous mettre en difficulté. Vous avez effacé sur les réseaux les bribes restantes de votre vie pour en inventer une autre. Mais vous savez mieux que quiconque que personne ne peut rester longtemps dans l'ombre. Avec un peu d'argent, on sait toujours ce qui est dissimulé dans les tréfonds des mémoires électroniques les plus retorses. Il m'est apparu indispensable d'en savoir le minimum sur mon visiteur hebdomadaire. Je sais que vous avez passé quelques années à Lamballe, à l'assistance publique. Cela s'appelait un foyer de l'enfance à votre époque, n'est-ce pas ? C'est redevenu un orphelinat, c'est plus joli. Vous êtes né d'on ne sait qui et la société vous a trouvé rapidement une famille d'accueil à Rennes, une famille honnête et travailleuse. C'est un bon creuset dans lequel on vous a placé. Il ne vous restait plus qu'à suivre la direction que la société avait tracée pour vous. Études, santé, transports, travail. Tout vous a été offert. Avez-vous jamais lutté pour obtenir quelque chose John-John ? Laissez, je connais la réponse. Bien sûr que non ! Ah, si pardon, votre agence est une vraie réussite, votre carnet de commandes se remplit à force de travail. Mais avant d'arriver à cela, le monde s'est mis en quatre pour vous. Vous l'avez échappé belle finalement. Vous auriez pu tomber plus mal et passer à côté de tout ça John-John. Beaucoup d'hommes et de femmes venus de nulle part comme vous ont des destins autrement plus tragiques. Pensez-vous à eux parfois, mon cher John-John ?

Dupont termine son laïus en attrapant le bras de John-John.

— Je devine, enfouie en vous, cette peur de tout perdre un jour, de voir le château de cartes s'écrouler subitement, mais vous avez de la ressource, c'est pour ça que je vous aime tant, cher parrain. La société n'a pas trop développé votre instinct de survie, mais je sens quand même le fauve tapi au plus profond de ça, finit-il en tapotant doucement la poitrine de John-John.

Ce dernier, enfoncé dans le silence, accuse le coup. Il se sent seul en plein orage dans une maison dont toutes les fenêtres viennent d'être ouvertes. Des pensées contradictoires le percutent. Il est censé prendre soin du vieil homme et c'est ce dernier qui le fragilise. Comment a-t-il eu accès à son passé ?

L'ordinateur de bord annonce qu'il faut rebrousser chemin. John-John confirme le retour.

— Vous semblez maussade mon cher. Vous m'en voulez ? Je ne vous ai tout de même rien révélé ?

Dupont éclate à nouveau de rire.

— Si cette sortie avait pour objectif de me rappeler que je n'ai pas connu mes parents ? Rassurez-vous, je me le rappelle tous les jours.

— Si vous le voulez bien, j'ai apporté, dans son jus, un de mes romans préférés. *L'Éducation sentimentale* de Flaubert. Je vous en lis quelques pages tandis que nous rentrons ?

XIII

Le faire-part transmis par la famille de Madeleine Magnificat précise que la présence d'hologrammes est acceptée à la cérémonie funéraire, mais le lieutenant Chrysostome a fait le choix de s'y rendre en personne. Il veut sentir la scène par lui-même et s'assurer que le meurtrier, à tout hasard, n'a pas fait également le déplacement. Tous les détails comptent dans ce genre d'affaires surtout les plus insignifiants. L'architecture du funérarium est largement inspirée du tableau représentant la Tour de Babel, peint par Jan Brueghel. Il s'élève haut et lugubre, massif et inquiétant, ses flancs regorgeant de cadavres. À la suite des grandes pandémies, le projet voulu par les architectes était de placer la mort au cœur de la cité comme une espèce de présence familière, un totem visible de tous. L'objectif avoué consistant à désacraliser l'homme, à l'extraire des fausses croyances d'immortalité et à le repositionner dans la chaîne de la vie.

Chrysostome se rend à la réception centrale où on lui indique que la mise en coffre aura lieu porte P au douzième étage. Il attend là-bas près d'une demi-heure avant que le zeppelin mortuaire n'arrive. Il observe le petit groupe de parents et d'amis de Madeleine Magnificat qui s'est massé près d'une allée de buis. Aucun visage ne lui est familier. Il capte la scène et la transmet à Térébenthine M'Ba en lui demandant de contrôler les visages. Puis, il anticipe le mouvement du groupe et commence à avancer. Le funérarium métropolitain central mesure près de cent mètres de haut sur une circonférence d'un hectare. Chrysostome préfère les marches à l'ascenseur. Il gravit lentement les degrés les yeux fixés sur la ville qui se dessine en losanges derrière le béton ajouré. Il arrive, le souffle court, dans le couloir ouvert P75. Un vent frais tournant s'engouffre dans la coursive circulaire et donne à l'endroit une sensation de froideur accentuée par la pierre sombre. Le coffre de Madeleine Magnificat est ouvert dans l'attente du dépôt. Chrysostome patiente, appuyé à la grille de protection qui donne sur le vide. De là, il peut voir la petite file de zeppelins qui s'achemine lentement vers le funérarium mégalopolitain en une douce sarabande.

— Bonjour !

Chrysostome se retourne pour découvrir une femme à l'élégante silhouette qui se tient à ses côtés. Elle porte une robe et un haut de tailleur noirs ainsi qu'une légère voilette. Pendant un très court instant, il se demande si elle est réelle. D'insignes détails lui font pourtant penser que non.

— Appartenez-vous à la famille de Madeleine ? demande-t-elle doucement.

— Non, je suis le lieutenant Chrysostome de la PJ. Je suis en charge de l'enquête sur le meurtre de Mme Magnificat.

— Ah, répond-elle simplement.

Elle s'approche de la grille et regarde plus bas dans la même direction que lui.

— Et vous ?

— Je m'appelle Ultramarine.

Chrysostome plonge dans ses souvenirs.

— Ultramarine, comme…

— Comme la fille de Gengis Déko-Markus et comme des milliers de jeunes filles qui ont suivi la mode lancée par son père.

— Vous connaissiez Madeleine Magnificat ?

— Je l'ai rencontrée deux ou trois fois, et je l'ai appréciée.

Elle s'appuie tout près du lieutenant, jusqu'à le frôler.

— J'aurais aimé l'avoir comme camarade, ou comme amie, c'est ce que j'ai retenu de notre relation. Je n'en ai pas eu beaucoup dans ma vie, et cela m'a toujours manqué. Je ne suis pas beaucoup allée à l'école, vous savez. Plus jeune j'avais un précepteur chargé de m'enseigner les bases puis, au collège, j'ai reçu les professeurs à la maison, c'était triste à mourir, alors j'ai dit un jour à mon père que je ne parlerais plus tant qu'il ne me scolariserait pas dans un véritable établissement.

Le vent tournant malmène sa voilette, révélant un visage d'une pâleur étonnante, mais au charme indéniable.

— C'est horrible ce qui lui est arrivé. Avez-vous une piste ?

— Nous rencontrons et interrogeons tous ceux qui ont connu ou croisé Madeleine. J'espère que ce travail permettra à la vérité de se dessiner. L'endroit ne s'y prête pas réellement, mais pouvez-vous me dire dans quelles conditions vous l'avez rencontrée ?

— En réalité, je la connaissais très peu. Elle cherchait la proximité de mon père. Elle était journaliste, non ? C'est dans ce cadre que j'ai eu à échanger quelques mots avec elle. J'ai entendu dire que Madeleine avait probablement été tuée par son amant et que vous aviez les traces génétiques de cet homme mais que vos fichiers n'en contenaient pas la mémoire.

— Tout système possède ses failles, répond Chrysostome. Mais croyez-moi, un jour ou l'autre, il se fera pincer. Ils se font tous attraper.

— À part Jack l'Éventreur, l'assassin du Dahlia Noir, le tueur du Zodiaque, le bourreau du Grand Lyon et les autres…

— Vous connaissez vos classiques, souffle Chrysostome.

— Madeleine ne craignait pas les paradoxes, elle pouvait se transformer en un bulldozer ou bien devenir, une seconde après, la plus aimante et la plus délicate créature de cette planète. Elle avait assurément tout compris à son époque.

— C'est-à-dire ?

— À mon sens, il faut prendre tout ce qu'on peut tout de suite, sans trop réfléchir. Vivre passionnément sans jamais se préoccuper du regard des autres, c'est en quelque sorte l'idéal à atteindre, un idéal qui reviendra peut-être à la mode dans cent ans quand cette société vomira enfin son narcissisme. Madeleine appartenait au groupe minuscule de ceux qui font avancer le monde. Son arme et son art résidaient dans la séduction. Séduire comme d'autres consacrent leur vie à construire des théorèmes, gagner des batailles ou faire le mal.

— Et vous ne l'avez vue que deux ou trois fois ! sourit Chrysostome. Peut-être avez-vous une idée de ce qui l'a tuée aussi ?

Ultramarine s'éloigne de quelques mètres pour suivre un gigantesque zeppelin couleur argent passant au large. Les lettres *UbiKus* peintes en pourpre semblent éclater dans le ciel.

— Mon père, dit-elle en montrant l'appareil du doigt. Son bureau volant. Il aime sortir de la métropole pour aller survoler Brocéliande. Ça l'inspire.

Elle se retourne et s'approche du lieutenant pour plonger son regard dans le sien.

— Vous avez raison, je suis perspicace et bien plus que cela. Je suis à vos côtés depuis moins de dix minutes et cela m'est suffisant pour comprendre qui vous êtes vraiment. J'ai une idée presque définitive de votre personnalité. Quant à Madeleine Magnificat, j'imagine qu'elle s'est jetée dans la gueule du loup pour avoir le sentiment de vivre encore plus intensément. Vous m'excusez, je vais assister à la cérémonie.

Chrysostome la regarde s'éloigner vers le groupe qui s'est constitué près du coffre funéraire de Madeleine. Il s'approche tout en restant à distance. Une soixantaine de personnes patientent désormais sur la coursive dans un silence recueilli. On compte des journalistes, des voisins, la famille, quelques institutionnels de rigueur ainsi que les éternels curieux, amateurs d'événements morbides. Le frère de Madeleine préside la cérémonie, collé de près par Titus Némus. Chrysostome voudrait bien savoir si certains des amants de Madeleine ont fait le déplacement, mais il se voit mal demander autour de lui pour le vérifier. Il capte une nouvelle fois le groupe et le transmet à M'Ba. La cérémonie est assez étrange. Pas de pleurs ni de reniflements intempestifs. Une espèce de sérénité plane au-dessus des têtes. Ultramarine a raison, tous ceux qui connaissaient vraiment Madeleine savaient qu'elle n'était pas faite pour vivre très longtemps. Ultramarine, la fille du magnat, se tient légèrement à l'écart, droite, l'air pénétré. Chrysostome lui trouve une grande classe, faite de retenue et d'aisance. Tout semble facile à la jeune femme même de se tenir debout au milieu d'une foule d'inconnus. Elle lui jette un regard distant, presque froid, comme si elle le voyait pour la première fois et qu'elle ne lui avait même jamais adressé la parole. Un officiant laïc, comme l'a voulu la famille, dit l'éloge de la disparue, la parant de toutes les vertus, insistant sur son esprit d'indépendance, sa joie de vivre, son engagement pour la vérité… Les premières notes de l'adagio d'Albinoni s'élèvent doucement, tandis qu'un homme retire le drap noir recouvrant le cercueil. Chrysostome ne cesse de scruter le groupe pour y recueillir la sensation utile. Il ne décèle aucun comportement étrange. Personne ne se montre mal à l'aise. Tout le monde paraît se trouver à sa place.

Térébenthine M'Ba l'appelle. Il reçoit la communication.

— Salut, M'Ba quelque chose d'intéressant ?

— Bof. J'ai passé à la moulinette les soixante-dix-sept personnes qui assistent aux funérailles. Bon, je récapitule. Quatre victimes, dont une pour agression sexuelle…

— Passe sur les victimes. Parle-moi plutôt des autres, s'impatiente Chrysostome.

— Donc. J'ai un journaliste délinquant routier récidiviste, un cousin de Magnificat épinglé pour une affaire de contrefaçon et la vieille dame aux cheveux bleus que tu ne peux pas rater…

— Je la vois, celle qui porte un jean ?

— Oui, elle a un passé un peu rock'n'roll. Ancienne prostituée, junkie…

— C'est tout ?

— À peu près. On compte également une véritable star…

— Ultramarine Déko-Markus !

— Bon, visiblement je ne t'apprends rien.

— Sinon ?

— Rien qui ressemble de près ou de loin à un tueur.

Chrysostome met fin à la conversation.

Tandis que le cercueil est placé dans son alcôve, *Wonderful Life* du chanteur Black retentit sur la coursive. C'est à ce moment précis que le lieutenant croit apercevoir un mouvement près de la grande balustrade, à la gauche du groupe. Il plisse les yeux pour concentrer son regard sur sa cible. Il y a bien quelqu'un qui observe la cérémonie. Chrysostome devine une partie de visage dissimulée par une capuche. Son sang ne fait qu'un tour et sa respiration s'accélère. Sans réfléchir, le lieutenant se met doucement en mouvement et commence à se frayer un chemin parmi les participants, mais la silhouette, alertée par les mouvements au sein du groupe, effectue un geste brusque et décampe. Chrysostome grogne des excuses auprès des gens qu'il bouscule et se lance à la poursuite de l'inconnu, laissant derrière lui une assemblée disloquée. L'homme commence à dévaler les escaliers. Chrysostome à ses trousses lui hurle plusieurs fois de s'arrêter avant de s'économiser et de concentrer ses forces pour courir. L'homme est alerte, visiblement jeune et en bonne santé. Il court avec puissance, sûr de lui, prenant les virages avec précision sans se retourner une seule fois. Chrysostome est sportif, mais il sent qu'il n'aura pas le dessus. L'autre a déjà gagné une cinquantaine de mètres sur lui. Pendant qu'il dévale les escaliers, il l'entend sauter les marches quatre à quatre plus bas. À un moment, Chrysostome rate un degré et chute lourdement au sol. Il se relève, l'épaule et la cheville endolories et continue sa descente. Puis il s'arrête et tend l'oreille. La cavalcade a cessé. Il quitte l'escalier pour emprunter la huitième coursive. Deux cérémonies se déroulent simultanément à droite et à gauche. Il observe les assistances recueillies, le cœur tambourinant dans la poitrine, des perles de sueur au front et remarque, tenant la main de sa mère, un gamin blond qui se tord pour regarder entre les jambes des adultes. Chrysostome fonce vers le groupe. Au loin, marchant tranquillement, il distingue l'inconnu, en jeans et en sweat-shirt, capuche relevée sur la tête s'éloignant lentement d'un pas souple. Chrysostome fend l'assistance sans ménagement sous les cris offusqués et continue sa course. L'autre le repère et repart de plus belle, s'engouffrant à nouveau dans les escaliers. Mais, au moment où Chrysostome, qui le suit à la trace, s'apprête à descendre, il lève les yeux pour apercevoir une silhouette au-dessus de lui et réalise que le fuyard remonte dans la tour. Chrysostome s'accroche à la rampe et commence la montée. Il entend le pas de l'homme marteler les marches en faux acacia au-dessus de lui. Au bout de quelques minutes, il s'arrête à nouveau pour reprendre son souffle. Il saisit son émetteur, perd un peu de temps à retrouver sa voix.

— Binôme 125 à central quart sud-est. Besoin de renfort au funérarium central. Homme en fuite. Taille moyenne. Vêtu d'un jean et d'un sweat-shirt portant au dos l'inscription *Rammstein*. Visage dissimulé par une capuche.

Il envoie la communication puis continue sa montée avant de s'arrêter à nouveau. Plus aucun écho ne lui parvient. Au huitième niveau, il sort sur la coursive. À sa droite, une trentaine de mètres plus loin, l'homme, tête baissée, l'attend les jambes écartées et les bras dans le dos. Chrysostome ne voit que l'ombre d'un visage. Le policier dispose d'un spray paralysant et de son Sig-Sauer SP 2022. Il sort ce dernier du holster et le pointe sur l'inconnu. Mais avant qu'il ait pu crier la moindre sommation, l'autre s'est à nouveau engouffré dans les escaliers. Visiblement, il se fiche de lui ! Chrysostome range son arme dans son étui et se remet en chasse. Il lui faut à nouveau monter les escaliers. Il sent que sa cheville n'est pas fiable, mais il ne ralentit pas pour autant. La poursuite dure encore de longues minutes. L'inconnu ralentit dès que Chrysostome s'éloigne, puis reprend de la vitesse quand il se rapproche. Au vingtième niveau du funérarium, Chrysostome, épuisé, s'arrête pour regarder son transmetteur. « Message reçu, envoyons binômes et section équestre. » Les grillages de sécurité l'empêchent de s'assurer de l'arrivée des renforts. Que faire ? Il lui semble qu'il pourrait courir des heures après ce fantôme sans jamais pouvoir l'atteindre. Il décide de redescendre le plus rapidement possible pour s'accorder la seule chance de le coincer. Il dévale les escaliers quatre à quatre et, arrivé au pied de la tour, il rejoint ses collègues en courant.

— Chrysostome, binôme 125, dit-il, haletant, à l'approche d'une des voitures garées en travers de l'esplanade.

— Brenda Karkowitch, binôme 77, dit Brenda en se retournant. Alors, on perd ses témoins ?

— Que fichez-vous là ? Il est descendu, vous l'avez vu, s'énerve Chrysostome.

— Il y a vingt-six accès à cette tour. Nous sommes six. Tu vois, il y a un problème.

Chrysostome, le visage défait par la fatigue et la colère qui monte, s'approche de Karkowitch.

— Je suis en train de courir comme un dératé après un suspect dans une affaire de crime et tu restes plantée là.

De rage, Chrysostome tape du poing sur le véhicule de service de Brenda Karkowitch.

— C'est ça, calme tes nerfs sur le matériel de dotation. Tu sais que tu peux perdre ton contrat pour moins que ça !

XIV

Ramirez ne fait pas semblant. Furieux, face à Chrysostome et Mahmouti, il sermonne le binôme avec toute l'ampleur qu'il est capable de donner à ceux qui contrarient ses journées.

— Vous n'avez pas réussi à capter la moindre image, ni le moindre son ? Merde, à la fin ! Avec tous les moyens technologiques mis à votre disposition vous n'êtes même pas foutus de rapporter quelque chose. Vous étiez à deux doigts de le serrer.

Chrysostome le regarde la mâchoire serrée, tandis que Mahmouti attend en silence que l'orage passe.

— Alors, donnez-moi une explication, nom de Dieu !

— J'étais tellement persuadé de l'attraper que je n'ai déclenché aucun appareil.

— En tant que superviseur sur cette affaire, je joue plus gros que d'habitude, figurez-vous, s'excite Ramirez.

Chrysostome brûle d'envie de lui dire que personne ne l'a obligé à tenir ce rôle. Ernesto Ramirez connaît les règles du jeu mieux que quiconque. Si l'affaire réussit, il rafle la mise, dans le cas contraire, il se retrouve également en première ligne, mais pas pour la gloire.

— Espérons que le contrôle central a pensé à placer quelques drones de surveillance à reconnaissance faciale dans le secteur du funérarium, sinon on est marron.

— Le funérarium dispose déjà d'équipements fixes. On devrait pouvoir les exploiter, tente Mahmouti.

Chrysostome s'abstient de préciser que la reconnaissance faciale devrait s'avérer inopérante dans le cas d'espèce. On ne distinguait même pas le menton de l'inconnu.

Ramirez fait les cent pas, décidément très loin de se calmer.

— Vous allez me corriger tout ça avant que ça ne remonte plus haut. J'ai déjà sur le dos cette affaire de fichier ADN incapable de nous sortir un meurtrier de la pire espèce. Si en plus la presse apprend que nous laissons passer entre nos mailles un suspect, voire le coupable…

— À ce propos, nous attendons toujours de vérifier le fichier pourpre, glisse Mahmouti pour changer de sujet.

— Vous savez que c'est compliqué. La justice tarde à engager la procédure et l'exécutif comme le législatif ne sont pas les derniers à traîner des pieds. Ce ne serait que la deuxième fois en trente ans que l'on demanderait une dérogation pour effectuer une extraction. La dernière fois c'était dans le cadre du démantèlement de la filière terroriste jordanienne. À moins que la sécurité européenne ne soit en jeu, je ne vois pas pourquoi on accéderait à notre demande. Concentrez-vous plutôt sur l'enquête et privilégiez la méthode à l'ancienne. En attendant, faites-moi un topo sur vos recherches.

Chrysostome se redresse sur son siège, soulagé de voir la tempête s'éloigner.

— Titus Némus, le collègue de Madeleine Magnificat à *La Vigie*, a découvert le corps de la victime étendu dans sa cuisine, commence le lieutenant. Némus a sonné en bas de l'immeuble et attendu quelques minutes. Il ne possédait pas d'hologramme, ni de moyen de communication digne de ce nom, à l'exception d'un smartphone en fin de vie. Il est donc monté à l'étage. De nouveau, il a sonné, sans succès. Avec les clés qu'il possédait, il est entré dans l'appartement. La porte d'entrée avait été claquée mais pas verrouillée. Il a voulu préparer un café dans la cuisine et est tombé sur le corps sans vie de Madeleine Magnificat. Némus est un pauvre bougre. À mon sens, il peut être définitivement écarté des suspects. Il ne pense qu'à une chose : approvisionner sa flasque en raki bon marché. Ce jour-là, il venait rapporter à Madeleine les clés de son scooter, dont il n'avait plus l'utilité suite à un retrait de permis à vie. Ce même jour, Madeleine Magnificat devait se rendre au parc fermé ouest afin d'interviewer Golkoff, le crypto-anarchiste terroriste qui l'avait autorisée à venir le rencontrer.

— Golkoff ? Il ne reçoit personne. Votre Némus ne serait pas un peu mythomane ? Bon, par acquit de conscience vous lui rendrez visite au camp fermé. Je demande à l'administration pénitentiaire de vous procurer un accès dans les plus brefs délais.

— Sur le meurtre en lui-même, poursuivit Chrysostome, on suppose que l'assassin est entré dans la cuisine où se tenait Madeleine Magnificat. Là, il a probablement été contrarié par la victime. Un mot, un geste de travers, ont pu suffire pour déclencher le drame. Selon les témoignages de ses proches, la victime semblait avoir un sacré caractère. Il s'est littéralement acharné sur sa proie au point de transformer son visage en bouillie : des fractures, des contusions, des bris, un peu d'arrachages. Toutes les couleurs de l'arc-en-ciel se trouvaient sur son corps. Compte tenu de la vitesse d'exécution de l'assassin, on ne sait pas quel coup a provoqué la mort, le rapport d'autopsie décrivant une conjonction d'impacts létaux. On suppose toutefois que les coups portés à l'aide du tabouret haut sont à l'origine du décès. Avec Jean-Moktar, nous avons effectué l'enquête de voisinage la plus complète possible. Il nous semble que l'un des points fixes de cette affaire sera atteint lorsque la liste des amants de Madeleine Magnificat aura été établie, ce qui, soit dit en passant, constitue un vrai boulot.

Plongé dans ses pensées, Ramirez semble revenu à l'époque lointaine où, enquêteur, il ratissait le terrain.

— Et que donnent les banques de données ?

Chrysostome se tourne vers Jean-Moktar pour l'inciter à parler.

— J'ai visionné une bonne partie des capsules contenant les enregistrements vidéo de la rue qui dessert le local de *La Vigie* et celles de l'immeuble de Madeleine Magnificat. Pour les premières, rien ne m'a alerté, mais j'ai détaché tous les visages qui apparaissent, soit plus de deux mille en une semaine et je les confronte actuellement avec ceux de l'entrée de l'immeuble de Madeleine, histoire de voir si une même personne est présente aux deux endroits. En ce qui concerne la tour de Madeleine Magnificat, le comportement suspect de deux hommes est visible sur les enregistrements. Ils semblent tous les deux vouloir absolument ne pas se faire connaître ou reconnaître. Le premier apparaît sur un enregistrement datant de trois semaines avant le meurtre. Il accompagne Madeleine dans le hall d'immeuble. C'est un homme de grande taille, un peu voûté. Ce jour-là, souvenez-vous, le thermomètre avait exceptionnellement frôlé les trois degrés au-dessus du zéro, alors tout le monde avait sorti les protections. Notre inconnu portait des gants et une chapka à visière. De caméra en caméra, grâce au logiciel *Trace*, j'ai quand même pu remonter jusqu'à l'espace-bar *Les Aviateurs* d'où Madeleine est sortie pour retrouver dans la rue notre inconnu. J'ai opéré une tentative de reconnaissance faciale grâce à un bout de menton visible. Le prélèvement n'a encore rien donné, ou plutôt, il m'a sorti une liste de cent trente-sept mille personnes, ce qui est inexploitable dans des délais très courts. Il m'aurait fallu une surface corporelle beaucoup plus importante. Térébenthine M'Ba travaille vingt-quatre heures sur vingt-quatre à cette mission de reconnaissance. Le deuxième homme nous pose davantage de problèmes. C'est peut-être le meurtrier. Il est seul quand il entre dans l'immeuble de Madeleine la nuit du meurtre. Il est habillé d'un sweat-shirt avec capuche portant le nom d'un groupe de rock…

— Rammstein, l'interrompt Chrysostome en bondissant sur son siège. Celui que j'ai poursuivi au funérarium portait le même.

Mahmouti acquiesce.

— Il baisse constamment le visage. Lorsqu'il arrive devant la porte de la victime, il se redresse, frappe et se fait ouvrir par Madeleine qui porte une robe noire et des escarpins. J'ai tenté un visionnage à 360 degrés, mais le type doit connaître la parade, car il bouge imperceptiblement le visage à plusieurs reprises de manière à brouiller l'opération. En revanche, je n'ai aucune information sur la sortie de l'appartement. C'est comme si ce visiteur s'était volatilisé.

— Les données peuvent-elles avoir été trafiquées ? questionne Ramirez.

— Non, j'ai récupéré une boîte noire intacte chez le concierge.

— Bon, on ne peut pas dire que la progression soit spectaculaire, déplore Ramirez. Ensuite ?

— Les affaires levées par *La Vigie* ont été épluchées par Térébenthine, poursuit Chrysostome. Quelques articles tonitruants du tandem ont provoqué des déchéances politiques et ont mené en maison fermée deux ou trois conseillers métropolitains, mais je n'imagine pas que l'un d'entre eux ait eu l'idée de tabasser Madeleine Magnificat à mort pour se venger.

— Mahmouti, vous enverrez quand même votre hologramme leur rendre visite. Et l'enquête de voisinage ?

— Nous avons ratissé l'immeuble ainsi que les principaux commerces fréquentés par la victime. Je n'ai pas d'élément saillant à faire remonter. Son tissu social dans le quartier n'était pas très développé.

— Ce soir, nous ferons la tournée des bars, ajoute Chrysostome. Madeleine avait une vie nocturne bien remplie. Par ailleurs, j'ai demandé à Térébenthine M'Ba d'extraire tous les contacts que Madeleine a pu se créer sur le réseau *Smart Flirt Wire.*

— Qu'est-ce-que c'est que ce truc encore ?

— Un réseau de rencontres. À l'origine, c'était un site très pointu qui vous permettait de trouver l'âme sœur au sens littéral du terme. Et puis la dimension sexuelle a pris le dessus, comme souvent avec ce genre de réseaux.

Ramirez envoie son hologramme dans le bureau du substitut du procureur et lui fait un point rapide de l'enquête.

— Deux éléments semblent placer cette enquête à un niveau particulièrement intéressant, dit-il à ses enquêteurs après avoir raccroché. Notre tueur n'apparaît dans aucun fichier et, par ailleurs, il semble se jouer de nous avec une assurance anormale. En résumé, je me demande si on n'est pas tombé sur l'assassin le plus prétentieux de la création. Un type tellement sûr de lui qu'il n'imagine pas une seconde qu'on puisse parvenir à lui mettre la main dessus.

— Ou simplement le plus stupide qu'on ait pu croiser, hasarde Mahmouti.

— Pour le moment, c'est nous qui sommes stupides. Lui se balade et vient même nous narguer sur le lieu des funérailles.

Ramirez se lève d'un bond, mettant ainsi fin à la discussion. En raccompagnant son équipe à la porte, il retient Chrysostome par le bras.

— Quant à vous, je veux que toutes vos lignes de communication soient ouvertes lorsque vous êtes en mission, prises de vue et de son incluses. Je veux avoir un œil sur tous vos déplacements et pouvoir assister sur votre canal à tous les entretiens que vous mènerez dans le cadre de cette enquête.

XV

Une immense chaleur l'envahit quand il repense à sa course-poursuite avec le policier faiblard. À croire qu'ils ne s'entraînent jamais ces sportifs du dimanche. Ils sont censés protéger la population et ne sont pas fichus d'avaler quelques volées de marches. Lui, est au point. Il a toujours pris soin de son corps. Quant à son mental, de l'acier trempé ! Il place dans sa condition physique autant de méticulosité et de volonté que dans le reste. Le secret réside dans la préparation. Son corps est son arme. Il l'affûte quotidiennement selon un programme mis au point à l'adolescence. Un jour, il en avait eu assez de se faire taper dessus par les racailles du centre juvénile. Dans la plus grande discrétion, il avait commencé l'entraînement. Chaque matin, alors que les autres roupillaient comme des gorets dans le grand dortoir, il se levait pour se rendre aux sanitaires. Là, il étirait son corps de la nuque aux pieds pour le rendre disponible au long travail qui allait suivre. Une fois échauffé, il utilisait le poids de son corps pour se muscler, le soulevant dans de longues séries qui, au fil des jours, finirent par le renforcer puis par le sculpter. Il surveilla son alimentation scrupuleusement malgré les difficultés liées à la vie en collectivité, cherchant toutes les protéines disponibles dans les parages quitte à les disputer âprement. Avec le développement de sa musculature, il se forgea rapidement une assurance et une force mentale qui l'étonnèrent. Six mois d'un travail acharné lui permirent de ne plus se laisser marcher sur les pieds. Petit à petit, il était passé de la soumission à la loi du Talion. Puis, il préféra donner deux coups avant d'en recevoir un. Au bout de deux années, il n'y avait plus qu'un mâle dominant, dans l'institution, lui ! Et les têtes, il n'hésitait pas à les cogner au moindre regard de travers.

Suivi de près par Terence qui semble espérer une sortie inopinée, il s'habille à la hâte d'un pantalon et d'un tee-shirt noir, fourre avec regret son sweat-shirt floqué de Rammstein dans un sac poubelle. Il attrape un long carton dissimulé sous la commode près de la porte d'entrée. Il le déballe et dévoile un kriss qui lance aussitôt des éclairs agressifs. Il l'a volé lors de son premier cambriolage à 15 ans dans un pavillon de la métropole. Il en nettoie régulièrement la lame avec de l'acétone, la frotte avec un mélange de bicarbonate de soude et d'eau, puis il passe de longs moments à la faire briller avec du blanc d'Espagne, devant un de ces jeux télévisés qu'il affectionne tant. Il aime son kriss plus que tout et cela l'étonne toujours, car il ne s'attache à rien, ni à personne. C'est ainsi qu'il est fait, il n'y peut rien changer. Même le sort de Terence, finalement, lui importe peu. Il apprécie sa compagnie et les gestes maladroits d'affection qu'ils se prodiguent respectivement, mais très rapidement, les débordements de son schnauzer géant ont tendance à l'incommoder puis à l'excéder.

Il y a Alpha, tout de même. Mais lui, c'est particulier. Un père ? Non. Un maître, un mentor. Pensant à Alpha, il porte la main à la poche de son pantalon et sort le papier qu'il lui a donné dans la coulée verte. Il le relit une fois encore, peut-être pour la centième fois. Alors il se sent trembler légèrement sous l'émotion.

Il serre son kriss de toutes ses forces et, s'arque-boutant, effectue quelques mouvements, fendant l'air de l'appartement tandis que Terence glapit en cherchant un refuge. Il lui semble qu'une partie de son pouvoir passe par cette arme qui semble une extension parfaite de son corps. Il lui arrive même de lui parler, de lui promettre des aventures comme à un ami. Il le glisse dans le dos, entre la ceinture et le pantalon, enfile son blouson et referme la porte derrière lui, l'âme tranquille.

— Pas de prisonniers ! murmure-t-il dans l'escalier.

XVI

John-John patiente dans le hall de l'immense gare de zeppelins, l'œil vissé sur l'écran qui occupe tout un mur. GDM apparaît, suivi par une meute de journalistes sans doute majoritairement virtuels. John-John attrape l'un des casques audio accrochés à son siège et le porte à son oreille pour entendre ce que dit le président de la métropole. « … et si le groupe que j'ai bâti de mes propres mains continue à subir ces attaques infâmes, je devrais prendre les décisions qui s'imposent. Croyez-moi, je sais agir vite et avec fermeté. Vous me connaissez suffisamment, non ? »

Il poursuit sa marche tout en répondant aux questions des reporters.

— Cela signifie-t-il que vous abrégerez votre mandat à la tête du conseil ? demande l'hologramme d'un journaliste.

— Je n'ai pas dit cela. Mais il me faudra bien évidemment peser tous les arguments. Qui a le plus besoin de moi ? La métropole ou l'humanité ? Car c'est de cela dont je parle lorsque j'évoque *UbiKus*, un groupe que j'ai fait prospérer, dont vous utilisez tous les jours les applications que mes laboratoires ont fait naître.

GDM s'engouffre dans son véhicule tandis que les journalistes réels continuent de le mitrailler. À ce moment, un détail heurte John-John. Il ressent un pincement au cœur lorsqu'il lui semble apercevoir un visage familier sur le siège arrière de la voiture. Celle-ci démarre emportant le visage. Il veut en être certain et sort avec fébrilité son holosat. Il demande vocalement la retransmission de la séquence politique de 13 h 50 sur la chaîne quarante-huit. John-John attend le moment ou Gengis Déko-Marcus entre dans son véhicule puis il commande l'arrêt de la séquence. Iso-Yellow a déployé ses longues jambes de danseuse dans la vaste limousine de GDM et elle patiente en regardant devant elle, débordante de fierté d'être ainsi au cœur du pouvoir et de l'actualité. John-John, incrédule, repasse la scène plusieurs fois. Comble de cruauté, il reconnaît la robe avec laquelle son hologramme a dansé le jour de leur rencontre au *Z*. Un message à son intention, probablement. La garce ! Pendant vingt minutes, les yeux rivés sur l'écran, il écoute les différents témoignages sur GDM. Les journalistes s'en donnent à cœur joie sur les difficultés rencontrées par le tycoon. Est-ce de l'intox de la part de GDM, ou bien mettra-t-il sa menace à exécution ? Le zeppelin *Anne de Bretagne* se trouve à moitié rempli. Quelques commerciaux, des fonctionnaires qui se rendent à des réunions à Brest.

On compte également des familles voyageuses et un petit groupe de touristes chargés comme des mulets. John-John s'installe à l'avant sur un banc de bois depuis lequel il peut embrasser les paysages qui défilent plus bas. Les amarres lâchées, le zeppelin tangue légèrement avant de se stabiliser et de commencer son périple. Il prend la direction de l'ouest, passe près de la Corne Rouge, le campement sauvage transformé en forteresse inexpugnable qui abrite tous les déclassés du Grand Ouest et d'ailleurs. John-John pose un œil sur l'un des télescopes et zoome sur le camp mais ne peut rien voir de précis, une épaisse brume faite de fumées et de pollution l'enveloppe presque dans sa totalité. Il y a pénétré sous une fausse identité, dix ans auparavant pour une mission au cours de laquelle il a risqué sa vie. Le zeppelin laisse ensuite l'océan urbain derrière lui pour parcourir l'immensité des espaces cultivés et des bois. La politique de réintroduction du bocage a porté ses fruits. Des milliers de kilomètres de talus portant des haies et des taillis, ceinturent désormais les prés et les champs. John-John ne se lasse pas de contempler la terre vue d'en haut. Les passions, les petitesses et les trahisons n'existent plus depuis les nuages. La place de l'homme s'ajuste toujours au milieu de l'océan, en haute montagne ou dans les airs. Le zeppelin ralentit près de Saint-Brieuc pour charger les derniers voyageurs avant de reprendre son périple. John-John consulte son holosat mis en veille depuis son départ. Une dizaine de messages flottent dans l'attente d'être lus. Le fichier *Personae* lui signale la découverte de trente-cinq connaissances et fréquentations supplémentaires liées à GDM. Il en consulte les profils mais ne décèle rien de particulier. Plus surprenant, un hologramme mystère a cherché le contact. Ne sachant de qui il s'agit, Séquoïa loue un salon privé au niveau 2 et rappelle son interlocuteur mystère. Il a la surprise de voir apparaître aussitôt Ultramarine Déko-Marcus.

— Bonjour John-John.

— Bonjour Ultramarine, répond-il en maîtrisant son trouble. Votre père vous a communiqué mon holosat ?

— Je n'ai plus besoin de mon père pour ce genre de choses, répond-elle en souriant. Oubliez-vous que je suis à la tête de la première entreprise d'hologrammes au monde ? Même si je ne suis qu'un prête-nom qui permet à mon père de continuer à faire de la politique, je suis une des femmes les mieux informées du monde. Il me suffit de taper un nom et j'ai accès à votre vie, cher ami.

Elle termine sa phrase dans un petit éclat de rire cristallin tandis que John-John soupire brièvement en pensant que son existence semble décidément ouverte à tous les vents. Après Dupont, la fille de GDM… Il se promet de penser sérieusement à ce problème de traces biographiques et de verrouiller davantage son profil. Malgré la dizaine d'avatars créés et tous ses efforts pour brouiller les pistes, on arrive quand même à le pister.

— Où allez-vous ? demande-t-elle doucement.

— Mission, se contente-t-il de répondre.

Elle s'approche de la vitre et contemple un long moment le paysage.

— Moi, je ne sors quasiment jamais de la métropole. Et lorsque cela m'arrive, je vais d'aérodrome en aérodrome. Autant dire que la réalité du monde m'est assez étrangère, mais je suis suffisamment connectée pour comprendre comment il tourne. Quel effet cela vous fait-il de travailler pour un salaud ? demande-t-elle en changeant brusquement de ton.

John-John se contente de regarder Ultramarine glissant sur le parquet en bambou du zeppelin.

— J'aime mon père, mais c'est un salaud. Tout le monde le dit sans le connaître, mais moi qui le connais, je peux vous dire que les gens ne se trompent pas à son sujet.

— Votre père est un de mes clients et je ne fais pas de politique, comme je vous l'ai déjà dit.

— Ne parlez pas comme si vous n'aviez pas d'âme. Il ne s'agit pas de politique. La politique, c'est le présent. Moi je ne parle que d'avenir.

— Je ne vais jamais du côté de la meute.

— Mon père en a vu d'autres. Ce ne sont pas les quelques désagréments qu'il vit actuellement qui vont entamer l'hyper confiance qu'il porte en ses capacités.

John-John n'avait pas été insensible à la beauté d'Ultramarine lors de leur premier échange, mais il est surpris de lui découvrir également du charme. Tout en elle respire la grâce.

— Quel est l'objet de votre appel ? lui demande-t-il. Je suppose qu'il ne s'agit pas de régler les problèmes entre une fille et son père ?

Elle s'approche de lui et plonge ses yeux dans les siens.

— Vous me plaisez, lui dit-elle sans ambages.

Devant sa moue, elle s'arrête net.

— Quoi ! Ce que je vous dis semble vous gêner ?

— Vous ne devriez pas croire tout ce qu'on dit sur les relations entre les femmes et les hommes. Il en reste certains, dont je fais partie, qui ne considèrent pas l'expérience amoureuse comme la déclinaison d'un mode de consommation.

— Vous n'êtes tout de même pas un de ces néoromantiques à la noix dont on nous rebat les oreilles en permanence ?

Elle se renfrogne un instant, visiblement peu habituée à ce qu'on lui refuse quoi que ce soit et John-John éclate de rire devant l'air contrarié de l'héritière Déko-Markus.

— Je ne suis aucune mode. J'essaie de rester moi-même, c'est déjà assez compliqué.

— Je veux savoir où en est votre enquête. La mission que vous a commandée GDM touche au groupe que je dirige. Il est normal que j'en suive l'évolution.

— Je suis désolé Ultramarine. Je ne rends compte de la progression de mon enquête qu'à votre père.

Sans ajouter, un mot, John-John la voit s'évaporer en un instant. Deux camouflets en cinq minutes, cela ne doit probablement jamais être arrivé à l'héritière Déko-Markus.

Le voyage se poursuit dans un délicieux tangage. John-John tombe rapidement dans un sommeil entrecoupé par les visions irréelles d'Ultramarine dont les charmes semblent flotter au-dessus de lui. Au réveil, il s'ébroue et descend au bar pour y commander un dopant agrumes-piment qu'il avale d'une traite. Il sent le liquide couler comme un torrent brûlant dans ses veines et réanimer brutalement son corps diminué par la fatigue et le sommeil. À Morlaix, John-John sort du central pour se rendre vers un petit campement improvisé qui sert de base de départ aux caravanes qui essaiment. Il faut deux jours pour rallier le phalanstère végétalien *No Toxine* niché aux confins des monts d'Arrée. John-John a entrepris de rencontrer Gary Edelstein, le perturbateur du meeting de GDM au Roazhon Park et fondateur de *No Toxine*. Il constitue la seule piste sérieuse qui ressort de ses recherches, le seul fil auquel se raccrocher. La caravane doit emprunter une des départementales dont le tracé a été rendu à la nature. Le convoi intégré par John-John est composé d'une vingtaine de bicyclettes dont beaucoup tirent des petites carrioles, ainsi que d'une dizaine de chevaux, de mules et d'ânes conduits par des chevelus qui vivent en nomades.

John-John Séquoïa fait connaissance avec ses premiers compagnons de voyage, quasiment tous des décroissants-glaneurs-cueilleurs adeptes, pour l'essentiel, du stevensonisme, mouvement librement inspiré de l'œuvre littéraire de Stevenson *Voyage avec un âne dans les Cévennes*, écrit plus de cent soixante-dix ans auparavant. Leur modèle de société a pour base l'itinérance dans les campagnes et les montagnes. Ils divaguent ainsi, accompagnés d'un ou de plusieurs animaux de compagnie, leurs moyens de subsistance reposant essentiellement sur la mendicité, le troc et parfois la rapine. Ces groupes ayant essaimé en Europe se comptent par milliers et forment des clans identifiés par des bannières. Ils vomissent les apports du monde contemporain et peuvent devenir violents face aux représentations trop envahissantes de la modernité et du Dieu Argent. C'est une des raisons pour lesquelles ils voyagent sur les itinéraires de traverse en évitant les villes, les bourgs et les villages.

Assis contre le tronc d'un vieux chêne couvert de messages taillés au couteau, John-John attend près d'une heure que la caravane soit complète. Un petit souffle agréable le rafraîchit. La troupe s'ébranle enfin. Afin d'éviter les questions embarrassantes, John-John préfère rester en queue de convoi pendant le périple. Il connaît la méfiance et l'intolérance de ces groupes. En tant que pisteur et urbain, il appartient très clairement à la large catégorie des individus abhorrés par les chevelus. Tout au long de la marche, il doit tout de même subir des tentatives de contacts de certains stevensonistes qui souhaitent savoir à quelle mouvance le raccrocher. La journée étant déjà bien entamée, la caravane ne parcoure qu'une quinzaine de kilomètres et fait halte en fin d'après-midi sur un aérodrome désaffecté. Devant le bâtiment principal, on peut lire sur un grand panneau rouillé, tombé de son pylône *Propriété de la chambre de commerce et d'industrie de*... Ils s'installent dans un hangar ouvert aux quatre vents. Une dizaine de familles d'Ouïghours a élu domicile dans deux avions désaffectés. Tentés de rejoindre l'Espagne pour y occuper des terres, ils se sont arrêtés en chemin et vivent de la culture du thé, qu'ils ont planté un peu partout autour de l'ancien aérodrome.

Le lendemain, la caravane s'ébranle à l'aube. John-John connaît assez mal la nature sauvage et il est émerveillé par les premiers effluves qui lui montent doucement à la tête. Le deuxième soir, la caravane s'arrête près d'une rivière d'une largeur de trois ou quatre mètres. John-John reste un long moment à regarder l'eau claire couler à ses pieds. Il voit passer des poissons de toutes les tailles et ce spectacle d'une nature libre et généreuse le stupéfait. Sur l'autre berge, une trentaine de punks à chiens a établi un campement visiblement conçu pour durer. Une dizaine de constructions en branchages, couvertes pour certaines de bâches, constituent une sorte de village avec en son centre, au pied d'un châtaignier imposant, un feu alimenté en permanence. John-John, rompu de fatigue, se laisse choir au pied d'un chêne dont les premières branches se trouvent à hauteur d'homme et s'assoupit aussitôt, tandis qu'autour de lui se forme le camp. Il se relève alors que le soleil rougeoie derrière la cime des arbres. Afin de préserver ses quelques menus pockets, John-John se met en quête de nourriture et achète des galettes de maïs ainsi que du lait caillé à un barde chevelu aux dents tellement jaunâtres que, tout le temps que dure la transaction, John-John ne peut s'empêcher de les fixer, fasciné. Le troqueur-vendeur émet un bref ricanement et repousse de la main le billet de cinq euros que lui tend John-John. En échange, ce dernier lui propose alors un de ces tee-shirts que le chevelu accepte. John-John se porte à l'écart pour déjeuner et consulter son holosat, mais il se trouve dans une zone volontairement reblanchie et il ne peut recevoir aucun message. Derrière un rocher, allongé à même le sol, la nuque calée sur son sac, il contemple un ciel dégagé comme il n'en a pas vu depuis longtemps.

Le lendemain, ils lèvent le camp très tôt et continuent leur périple. Un homme s'approche de John-John. Il doit mesurer plus de deux mètres et tient à la main une bicyclette à laquelle il a accroché une remorque contenant toutes ses affaires. Il l'enfourche dès que la route devient de nouveau praticable et roule aux côtés de John-John. Vêtu d'une tunique, d'un pantalon en toile de jute et chaussé de sandales qui enserrent des pieds gigantesques, il est chauve et scarifié sur le visage ainsi que dans le cou. Il porte d'innombrables breloques aux poignets, ce qui le fait tinter au moindre mouvement. Il dégage une odeur assez rance dont John-John apprend qu'elle provient d'un fromage dont il tire régulièrement de sa besace des bouts qu'il enfourne dans sa bouche avec de grands bruits de satisfaction. L'homme, très loquace, ne cesse de parler de lui. Ses yeux bleu-lagon ne se fixent sur rien, et paraissent en perpétuel mouvement. John-John apprend au cours de deux heures de soliloque que l'homme, rebaptisé Ü, a quitté Saint-Nazaire à 17 ans pour sillonner les routes. En douze années d'errance, il n'est pas resté plus de quatre mois au même endroit. Son premier itinéraire l'a amené aux confins de l'Europe, jusqu'au détroit du Bosphore. Il a ensuite longé la Méditerranée jusqu'à Faro au Portugal, puis a remonté toute l'Europe avec Vilnius comme ligne de mire. Depuis, inlassablement, il traverse le continent d'ouest en est et du nord au sud. Il a pour simple objectif d'aller à la rencontre de toutes les communautés spirituelles ou non qui ont essaimé à travers le continent. Il étudie les rites et les pratiques ayant cours dans chacune d'entre elles et a entrepris de rédiger la somme de ses observations. Il se définit comme un ethnologue des nouvelles tribus et est intarissable sur le sujet, toujours émerveillé de découvrir la diversité des groupes humains. Ü a opéré un vaste travail de classification des communautés. Entre isolationnistes, harmonistes, ultra-verts, néo-paganistes et une quarantaine d'autres nuances, John-John y perd rapidement son latin.

La caravane traverse une vingtaine de villages dont quelques-uns ont été désertés. Les ruines mangées par la végétation ne disent plus grand-chose de l'époque florissante connue par ces lieux désormais laissés à l'abandon. On y distingue seulement les traces d'un passé récent : dégradations volontaires, squat, incendies.

Au fur et à mesure du périple, la caravane perd des membres et en gagne d'autres qui attendent sur le bord de la route. Ils font une deuxième escale dans un hameau. La végétation y a poussé de manière erratique pressant les flancs des constructions de l'homme pour les faire disparaître peu à peu. John-John, rejoint par Ü, s'installe dans une maison dont le toit a été soufflé par quelque événement climatique, mais dont le premier étage tient encore sur des solives solidement arrimées sur des poutres en chêne d'une belle épaisseur. Quelques photos de famille en couleur sont encore dans leurs cadres. Des hommes et des femmes figés dans le temps. Mariage, service militaire, vacances… John-John en retire la poussière. Ils se réfugient dans un coin à peu près sec, une chambre d'enfants dont il ne reste pour seul mobilier que le cadre d'un petit lit. John-John refuse la galette de protéines végétales et le morceau de fromage que lui tend Ü, avant d'avaler discrètement un menu pocket et de s'endormir rapidement.

XVII

Il fait nuit lorsque Chrysostome quitte son bureau de la PJ. Selon Charles-Amédée de l'Herbéchère, Madeleine Magnificat se rendait assez tard dans ses bars favoris. Avant de commencer la tournée des grands ducs, Chrysostome fait un crochet vers la tour Vérone. Le baron concierge se trouve dans sa loge encore allumée, des petites lunettes circulaires calées en équilibre sur le bout du nez.

— Décidément, lieutenant, vous semblez aimer cet endroit, dit-il en relevant le visage de sa tablette graphique sur laquelle, grâce à un stylet, il tente de reproduire *La chute de Mossoul* par l'artiste congolais Henri Manlonga.

Charles-Amédée de l'Herbéchère suspend son mouvement.

— Pouvez-vous me donner le badge de l'appartement de Madeleine ? demande Chrysostome sans préambule.

— Des scellés y sont encore posés.

— Je suis le responsable de ces scellés, alors donnez-moi le badge, je vous prie, répond Chrysostome avec agacement.

Décidément, ce demi-sourire qui ne quitte pas Charles Amédée de l'Herbéchère a le don de lui porter sur les nerfs. Ce dernier lui tend une carte magnétique qu'il vient de retirer du casier. Chrysostome quitte la loge sans un mot.

Il force les scellés avec la lame de son couteau avant de pénétrer à l'intérieur. L'appartement est plongé dans l'obscurité. Il commande vocalement l'allumage des lumières et se rend directement dans la chambre. Des piles de vieux livres forment comme des petites pyramides dont certaines ont été renversées au passage des policiers. Madeleine a sans doute chiné tous ces bouquins chez les deux ou trois antiquaires qui vendent du livre au kilo pour les décors de cinéma ou de magasins. Un fauteuil bergère, une commode de style art déco, ronde et stylée, une reproduction d'un mètre sur un mètre d'une peinture de Li Chu au-dessus du lit créent l'ambiance désuète et un peu artiste voulue par sa propriétaire. Quand Chrysostome a visité la première fois cet appartement, il ne s'est pas attardé sur les détails tant il était persuadé que l'enquête se terminerait rapidement. Aujourd'hui, il semble découvrir les lieux. Que cherche-t-il ? Que veut-il trouver ? Il fouille la pièce, déplace les meubles, ouvre tous les tiroirs, sonde les lames de parquet et les plinthes avec sa lame. Il inspecte les piles de linge, dérange à nouveau les sous-vêtements. Rien n'émerge. Il s'assied un instant sur le rebord du lit et laisse son regard divaguer dans la pièce. Il penche le visage afin de pouvoir lire les titres des livres. Quel fatras ! Mais il se relève d'un bond et se dirige vers la pyramide de livres la plus proche. Il se met à feuilleter les livres, les renversant pour en faire chuter le contenu. Il sent de grosses gouttes de sueur perler sur ses tempes. Il s'arrête pour ouvrir la fenêtre. De légers relents de détritus en profitent pour s'immiscer. Il reprend ses recherches. Au bout d'une trentaine de minutes, Chrysostome a ce qu'il est venu chercher. Un petit tapis de papiers se retrouve à ses pieds : des post-it, des factures, des cartes de visite… Le tout griffonné, dessiné, hachuré. Il se saisit d'un petit sac à escarpins en tissu imprimé qu'il vide de son contenu avant de le remplir de cette prose anarchique mais encore vivante. Chrysostome s'apprête à quitter l'appartement quand il a l'idée de faire un crochet par la cuisine. Madeleine Magnificat est là. Ou plutôt son corps dessiné à la craie sur les tomettes couleur tabac gît sur le flanc une jambe repliée sur l'autre. La jeune femme est désarticulée. Un moment, il en veut aux nettoyeurs de la PJ. De vilaines traces rouges traînent encore sur le sol au niveau du visage. Une tache mal nettoyée, voilà à quoi est désormais réduite Madeleine.

En sortant de l'appartement, Chrysostome tombe nez-à-nez sur Kévin Texier dont la gêne est flagrante.

— J'ai vu que les scellés avaient été enlevés et je m'apprêtais à prévenir la police.

Chrysostome se dirige directement vers l'escalier afin d'éviter le genre de discussion oiseuse dont semble raffoler le voisin, mais il n'a pas fait deux pas que ce dernier lui attrape le bras.

— Au fait, je sais à qui ressemblait l'homme qui accompagnait Madeleine Magnificat l'autre soir. Je ne vous ai pas rappelé parce que c'est absurde, mais je crois bien que si je devais donner un nom, ou plutôt, si on me demandait de…

— Faites court, l'interrompt Chrysostome avec de la lassitude dans la voix.

— En fait, il me fait vraiment penser au président de la métropole, à GDM.

***

Chrysostome commence sa tournée par le bar *Les Aviateurs*. Il occupe les trois derniers étages de la tour S, anciennement siège d'une compagnie d'assurances. Un flot humain ininterrompu entre et sort de la tour qui abrite un bowling, une dizaine de salles de cinéma, un complexe sportif avec terrain de basket et de handball ainsi qu'une piscine au premier sous-sol. Ce gigantisme a eu raison du dernier cinéma de quartier et de la piscine municipale au charme désuet dans laquelle Chrysostome, adolescent, aimait tant aligner les longueurs le dimanche.

L'ascenseur panoramique le hisse au soixantième étage de la tour. Il présente son matricule à un videur qui semble être le chef de l'escouade de gros bras qui forment une grappe compacte dans le sas de l'établissement, puis il pénètre dans le bar. À sa droite, un écran diffuse l'avertissement habituel : « *Cet établissement est interdit aux hologrammes. Toute infraction constatée entraînera un signalement à la banque de données gouvernementale* ».

La directrice des relations publiques du bar lui trouve un endroit calme lui permettant de recevoir un à un tous les employés de l'établissement. Il a projeté au mur la représentation virtuelle de Madeleine Magnificat Le bar compte cinquante-deux contractuels mais les entretiens se déroulent assez rapidement. À chacun d'entre eux, Chrysostome pose deux questions : « Avez-vous déjà vu cette femme ? » et « Un fait marquant s'est-il produit aux *Aviateurs* ou à sa proximité au cours de la nuit du 7 au 8 mars ? ». En les questionnant, il les filme pour confronter ultérieurement leur témoignage au détecteur de mensonges comportementaux.

Il entend beaucoup de ses interlocuteurs répondre par la négative ou de manière évasive à ses questions. Deux ou trois relèvent des faits pouvant intéresser d'autres affaires, mais aucun en correspondance directe avec la situation qui intéresse le lieutenant. Enfin, en bout d'audition, alors que le découragement commence à le gagner, il recueille le témoignage d'une des filles travaillant au vestiaire qui se souvient de Madeleine Magnificat. La journaliste s'est retrouvée au milieu d'une altercation entre deux hommes alors qu'elle fumait une cigarette dans l'escalier, l'un d'âge avancé et l'autre nettement plus jeune. L'esclandre n'avait pas franchi l'étape des insultes et aucun coup ne fut porté, car l'un des videurs, alerté par l'altercation, avait rapidement calmé les esprits en les apostrophant depuis l'étage supérieur. Finalement, Madeleine avait été raccompagnée par le plus âgé qui devait avoir, au bas mot, une trentaine d'années de plus qu'elle. Chrysostome s'apprête à la laisser repartir, quand les derniers mots de Kévin Texier lui reviennent en tête. Il lui présente une capture de Gengis Déko-Marcus depuis ses archives hologrammiques. La préposée au vestiaire, très peu au fait du monde économique et de la vie politique locale, même s'agissant du principal élu de la métropole, répond qu'il s'agit peut-être de l'homme qu'elle a aperçu.

— Il est un peu connu lui, non ?

— Un peu, oui.

— Oui il y ressemble beaucoup. À la voix, je le reconnaîtrais, parce que je suis calée sur les voix. Les physiques, je suis moins certaine, comme les gens ont tendance à changer de couleur d'yeux, de cheveux, du jour au lendemain et…

Il lui fait écouter un extrait de discours de GDM.

— Oui, très franchement, je ne crois pas me tromper si je dis que c'est bien le même homme.

Elle répond également par l'affirmative à la question subsidiaire. Elle sait qui était l'homme plus jeune à l'origine de l'altercation. Un habitué des *Aviateurs*, répondant au nom de Freddy-Py, un type pas franchement fréquentable, un peu gueulard, très clairement zone, mais qui ne lésine pas sur l'achat de bouteilles de champagne.

Un éclair dans la nuit ! exulte mentalement Chrysostome.

Il envoie la demande de recherche concernant Freddy-Py à Térébenthine M'Ba puis quitte la tour S et poursuit la tournée des établissements de nuit fréquentés par Madeleine. Pour se rendre au *Kawabata*, il doit marcher une vingtaine de minutes et s'enfoncer dans un quartier périphérique. Au loin, il aperçoit les lumières de la Corne Rouge, le plus grand campement sauvage d'Europe, qui s'étend sur plus de deux cents hectares. Soixante mille personnes y vivraient selon des règles et dans des conditions qui indiffèrent le reste de l'univers à l'exception de quelques ONG qui dénoncent en vain ce scandale. Les forces de sécurité se contentent d'en contrôler épisodiquement les accès et de contrecarrer toutes les tentatives de sorties groupées, synonymes de raids sur la métropole. La population de la Corne Rouge cohabite sous le contrôle d'une myriade de phalanges mafieuses et personne ne souhaite franchement savoir ce qu'il se passe dans le campement.

Le *Kawabata* occupe trois péniches sur la Vilaine reliées entre elles par deux passerelles de verre. Le patron, six serveurs, huit videurs et une dizaine de gogo danseuses réelles constituent l'équipe. Chrysostome procède de nouveau à l'audition des employés qui, quasiment à l'unanimité, reconnaissent Madeleine pour l'avoir vue des dizaines de fois au *Kawabata*. Ils la décrivent tous comme une jeune femme vivante et sympathique, dont le principal objectif semblait de faire la fête, de danser et de boire et, bien entendu, de débuter des jeux amoureux. Par acquit de conscience, il interroge également les gogo danseuses. Oui ! À peu près tout le monde la connaît, mais personne n'a rien de particulier à en dire.

Chrysostome choisit un divan éclairé, s'assied, commande une pinte de bière et sort le petit sac à escarpins dont il renverse le contenu sur la table basse. Il n'a jamais rencontré quelqu'un qui écrivait autant. Un vrai journal intime sur bouts de papier. Chrysostome se souvient que presque toutes les traces des passages de la journaliste sur les réseaux sociaux ont été effacées. Elle n'a sans doute pas tort, le papier constitue le dernier refuge pour qui souhaite s'exprimer sans être deviné, commenté, moqué, ou bien poussé au suicide. Un havre de paix comparé aux réseaux sociaux. La prose de Madeleine se révèle libérée, touchante, naïve et souvent émouvante. Ses petits mots regorgent aussi de considérations socio-culturelles touchant à peu près tous les sujets possibles. Chrysostome laisse de côté les aphorismes pseudo-philosophiques agrémentés à la sauce journalistique et préfère se concentrer sur les dizaines de petits bouts de papier sur lesquels elle dépeint physiquement et moralement les personnes qu'elle a croisées ou rencontrées. Chaque description picturale est suivie de quelques lignes reliant le physique à un trait de caractère ou bien à une extrapolation psychologique, comme si le physique constituait le moteur de l'homme, ce qui définissait sa nature propre. Les annotations ne comportent pas de date mais, à l'exception des inconnus qu'elle a croisés dans la rue ou dans certains lieux publics, le nom de la personne décrite est mentionné sur le papier. Quelques portraits d'hommes politiques ne lui apprennent rien de ce qu'il connaît déjà, mais l'attention de Chrysostome est attirée par un nom se terminant par une interrogation « *Golkoff ?* ». Il place le papier dans son portefeuille puis continue à lire une série de commentaires qui semblent désigner la même personne. « *Bel homme, vieux, solide. La réalité le rend plus séduisant. Pourquoi me fait-il penser à un dragon de Komodo ? Derrière la paupière, il y a le danger. Il suffit qu'il la remonte un peu trop vite et je serai happée d'un seul coup de mâchoire.* » Pas de nom correspondant à la description. Chrysostome passe une heure à lire la prose de Madeleine et il n'arrive toujours pas à se faire une idée précise du caractère de la jeune femme. A-t-elle été heureuse au bout du compte ? Il relit son bout de papier le plus émouvant. « *Ce que j'aime c'est avoir un nouvel homme dans les bras. Découvrir, espérer, me lamenter, renaître...* ».

Puis Chrysostome quitte le *Kawabata*.

XVIII

Au deuxième jour de marche, la caravane débouche face au phalanstère. La configuration des lieux fait très clairement penser à l'idée qu'on pourrait se faire du bout du monde. Gary Edelstein n'y a pas installé sa communauté pour rien. Le caractère inspirant et méditatif de l'endroit doit à coup sûr servir ses desseins. Les voyageurs sont pris en charge par Noéma, une jeune métisse qui leur indique l'emplacement d'une paillasse couverte dans l'espace réservé aux itinérants. Ü a été placé près de John-John. Le jeune homme n'a jamais fait halte au phalanstère *No Toxine*. Il souhaite rencontrer son fondateur dont la réputation court de communauté en communauté. John-John dépose son sac sur le grabat et ressort aussitôt. Le phalanstère, sommairement fortifié, est composé d'une structure en demi-lune formée de bâtiments en bois, avec en son centre, une cour en terre battue. Une espèce de clocher, servant également de pigeonnier, permet de battre le rappel des habitants pour les repas, les interventions publiques d'Edelstein, ou en cas de danger. Deux miradors en bambou, occupés par des phalanstériens observant présentement l'arrivée des nouveaux pensionnaires, permettent de scruter les environs. John-John se fait ainsi une première idée assez précise de la paranoïa de Gary Edelstein.

Le phalanstère a pour activité principale officielle l'élevage d'abeilles. Le lien ténu qui rapproche les phalanstères d'Europe consiste en la prise en charge et en la réintroduction d'espèces que l'homme s'est acharné au fil des dernières décennies à faire disparaître de la surface de la terre. Beaucoup de ces structures se destinent à la création de colonies d'abeilles, de coléoptères ou de papillons. John-John se replonge dans la biographie de Gary Edelstein. Ce dernier avait fondé le mouvement *No Toxine* en 2018. La mollesse des mouvements verts inféodés aux partis majoritaires l'avait peu à peu dégoûté de l'intellectualisme tiédasse et de la paresse politique dominante. Pour lui, le temps de l'action devait supplanter celui de la parole. Il avait fait ses armes au sein d'un groupuscule de spécistes acharnés avec lesquels il avait organisé des opérations de terrain violentes. Sa forte personnalité, associée à un manque total de scrupules, lui avait permis de phagocyter rapidement le collectif, d'en détourner les membres puis, les ayant ralliés à ses idées jusqu'au-boutistes, de les transformer en adeptes. Après un court séjour en détention, consécutif au lâcher de milliers de cafards de Kalimantan sur la métropole, il s'était réfugié dans les monts d'Arrée où, en compagnie de ses fidèles, il avait créé le monde rêvé, un monde tournant autour de lui, l'astre solaire de la révolution verte.

John-John et Ü se mettent à l'écart et dînent en silence, le regard tourné vers les crêtes rocheuses sur lesquelles vient se coucher un soleil rouge puis, exténués, ils gagnent leur couche.

John-John se lève aux aurores. Le petit déjeuner, comme le déjeuner, ont lieu en commun. Ils permettent à Edelstein de sentir le pouls de ses ouailles et de faire peser sur elles son indéniable charisme. Près d'une soixantaine de personnes sont assises autour de planches posées sur des tréteaux, dans une configuration qui fait penser à une salle de banquet médiévale.

Des tapisseries représentant l'Apocalypse selon saint Jean couvrent les murs et font le tour de la pièce. Depuis l'estrade sur laquelle il trône, Edelstein entretient la passion chez ses apologistes, jouant tour à tour le séducteur et le contempteur, les plongeant dans un abîme de désespoir en quelques mots, ou bien les rendant fous de bonheur avec un sourire. L'assistance est majoritairement composée d'hommes dont l'attirance pour leur gourou n'est pas une vue de l'esprit. Edelstein récite une prière d'action de grâce un peu ridicule et d'une longueur inhabituelle qui s'adresse à une espèce de Dieu dont John-John n'a jamais entendu parler.

— Un syncrétisme de doctrines dominé par la Gnose, mais fortement teinté de néopaganisme, souffle Ü.

Edelstein exagère ses intonations, module quelques phrases, en martèle d'autres, débitant son charabia avec une force de conviction étonnante et toute la théâtralité nécessaire pour faire passer la vacuité de ses propos. Puis, Edelstein porte la première cuillerée d'un brouet sombre à sa bouche et tout le monde commence à déjeuner. Pendant tout le temps du repas, une jeune femme jouant de la harpe celtique, accompagne un chanteur soliste dont les mélopées fragmentées reviennent en rengaines.

Les regards de John-John et de Gary Edelstein finissent par se croiser. Edelstein ne semble pas le voir et se sert un cake au lait fermenté qu'il enfourne d'une pièce. Au milieu du repas, le gourou se lève, essuie ses lèvres avec beaucoup de manières et, se déplaçant lentement, passe entre les convives pour leur glisser un petit mot à l'oreille. La harpiste et son chanteur ont cessé leur mélopée et rejoignent le banquet pour s'attabler. Quand il arrive près de John-John, le gourou s'arrête derrière lui.

— Comment va la métropole ? Je n'y ai pas mis les pieds depuis une éternité. Cette Babel labyrinthique n'en finit pas de s'enfoncer dans la décadence et les damnés qui la peuplent s'enthousiasment de sombrer avec elle. Et il ne se trouve personne pour résister aux sables mouvants qui les engloutissent peu à peu.

— La métropole croît sans cesse en hauteur et, mécaniquement, ses habitants rétrécissent. Je dois vous avouer que je ne suis pas mécontent d'être parmi vous. Je ne soupçonnais pas l'existence d'un tel monde fraternel et bienveillant.

— J'espère que vous n'êtes pas un de ces fouineurs qui viennent voir comment nous sommes sortis de l'esclavage dans lequel vous croupissez.

Le visage de Gary s'illumine, prêt à la joute verbale, déjà persuadé de l'emporter. De près, il a quelque chose de l'ordre du monstrueux. Une multitude de petits cratères alternent avec des crevasses violacées. Il se maquille les yeux et les pommettes. John-John remarque son absence de cils et de sourcils. Sur son front, une ligne de démarcation montre le port d'une perruque. Sans chercher à rien dissimuler, le regard de son interlocuteur, noir et lourd de vérité, semble exprimer ce qu'il ressent au plus profond de lui-même. À l'instant présent, il darde son interlocuteur de petits éclairs de cruauté.

— Avant tout, je dois vous dire que je suis impressionné par l'organisation que vous avez mise en place. Le talent de meneur d'hommes que l'on vous prête n'est pas usurpé, essaye de l'amadouer Ü.

— Tiens, vous me connaissez si bien que ça.

— Votre réputation est grande, poursuivit Ü. J'ai beaucoup voyagé pour vous rencontrer.

— Je dispose en effet d'un certain nombre de fans dans le monde. Tel que vous me voyez, devant vous, en chair et en os, je suis un glorieux échantillon de la liberté à l'état pur. Nous sommes si peu nombreux à pouvoir nous targuer d'avoir rompu toutes les chaînes qui nous liaient à ce monde corrompu.

— Pour répondre à votre première question, dit John-John, je ne compte pas rester au phalanstère, je repars demain. Pour ne rien vous cacher, je ne devais pas m'arrêter mais la curiosité s'est éveillée en moi quand mes camarades de route m'ont révélé que vous le dirigiez. Après tout, votre gloire ne s'est pas éteinte. La métropole conserve encore votre souvenir.

— Tu m'étonnes ! éclate-t-il de rire. Ils ont mis plus de dix-huit mois à éradiquer mes cafards de Kalimantan.

— Vous n'y êtes pas retourné depuis le sabotage ?

— Je n'aime pas ce mot. Nous nous verrons plus tard.

Après le petit déjeuner, John-John sort du camp sous l'œil suspicieux d'un adepte perché sur son mirador et trouve un endroit pour s'isoler. Il tente vainement de lire ses holo-messages mais n'y parvient toujours pas. Il revient vers le camp et, faute de mieux, fait un somme sur sa couche. Après le déjeuner, Noéma vient le chercher au pied d'un chêne rouvre sous lequel il s'est protégé du soleil. Ils traversent le bâtiment central plongé dans une semi-obscurité et arrivent devant une porte que John-John situe au nord du phalanstère. Noéma l'ouvre sans frapper et invite John-John à avancer. Ce dernier est happé par un souffle frais. Il se trouve en haut d'un escalier de pierres qui s'enfonce dans le noir. Il pose sa main sur une grosse corde faisant office de rampe et, après avoir descendu trois marches, entend la porte se refermer derrière lui. Plongé dans l'obscurité la plus complète, il continue de descendre les degrés avant de discerner une lueur plus bas. Au pied de l'escalier aux marches inégales, il arrive dans une petite pièce creusée dans la roche calcaire. La source de lumière provient d'une seconde salle. Il s'y rend en se baissant et parvient jusqu'à un vaste caveau creusé par la main de l'homme. Au fond, sur un lit à baldaquin dont la partie supérieure touche la voûte, il distingue une forme humaine allongée dans un océan de coussins et d'oreillers en velours. Gary Edelstein vient de reposer un tube métallique dont il a visiblement ingurgité le contenu. John-John comprend aussitôt que le gourou ne se trouve pas dans son état normal. Il porte un peignoir ouvert laissant apparaître un torse nu et l'embonpoint de son ventre. Ses grosses cuisses poilues paraissent comme deux paquets de viande blanche déposés sur le tissu. Le fondateur de *No Toxine* a posé sa perruque à ses pieds et son crâne semble luire sous l'effet d'une huile ou d'une crème apaisante. Il porte, tatoué près du cou et s'étendant jusqu'à la poitrine, le visage rond et grave d'un homme à la barbe épaisse, poivre et sel.

— Avance visiteur, mon antre s'ouvre à toi. Tu regardes mon tatouage ? Bakou, ça te dit quelque chose ? Mikhaïl Bakounine, si tu préfères. Mon pote anarchiste. L'unique pensionnaire de mon Panthéon.

Il parle avec difficulté, butant sur les mots, se reprenant.

— Mon phalanstère te plaît-il ?

— Je dois avouer que je ne suis pas déçu, et je dirais même que…

— Ne te fous pas de moi, je sais que tu es là pour m'espionner, l'interrompt l'ultra-vert la voix mal assurée. Je les renifle les fouinards. Pour qui travailles-tu, qui est ton employeur ?

John-John embrasse la salle du regard. Edelstein est seul et aucun recoin dans la salle ne permet de penser qu'on pourrait s'y dissimuler. Il se demande s'il faut être franc ou bien continuer à jouer la comédie.

— Tu ne veux rien me dire ? demande Edelstein en se redressant sur ses coudes.

Il tente de se lever mais n'y parvient pas. Il retombe lourdement sur la montagne d'oreillers qu'il a empilés.

— L'humanité s'est toujours choisie des dieux qui se sont révélés finalement très peu satisfaisants. Tous ces espoirs déçus, ces déceptions engendrées. Finalement, le monothéisme est une aberration – mais ça, ne le dis pas à mes fidèles. Rod, Toutatis, Odin, Osiris, Shiva, Mercure… Ça ressemblait à quelque chose, non ? Tu crois en Dieu ?

Il regarde à présent la voûte au-dessus de lui, économisant ses mouvements.

— Tu vas me répondre que non. De toute façon, personne ne croit plus en Dieu. Il a tellement déçu. On préfère s'inventer des totems. L'esprit des arbres, celui des déserts ou des cailloux… Je suis passé dans une communauté dans laquelle l'eau était vénérée. « Tout vient de là et tout y retourne ». Blablabla… Grosse rigolade ! Je vais te dire un secret, fouineur ! MOI, je crois en Dieu et ce Dieu est tout bonnement prodigieux, assène Edelstein en souriant, les yeux mi-clos. Il me comprend, il m'aime, il veut mon bonheur et il exauce tous mes souhaits. Je dirais même qu'il est performant, ce qui est rare pour un Dieu.

Une nouvelle tentative pour se lever échoue.

— Mais tu le connais, balbutie-t-il en bougeant imperceptiblement les lèvres. Tu le connais. Il pourrait tout pour toi. Il suffirait pour cela que tu croies en lui.

— Je ne demande qu'à le rencontrer.

Gary Edelstein part dans un rire étouffé.

— Qu'il est drôle ! Mais il est là, devant toi, sur ce lit. C'est moi. Je suis Dieu, parvint-il à dire avant de repartir dans un éclat de rire. Donne-moi la petite bouteille, je te prie. La blanche, vite ! Vite !

John-John attrape le récipient sur la table de chevet et le lui tend. Le gourou avale son contenu avec maladresse faisant couler une bonne partie du liquide sur les draps et sur son visage faisant luire les aspérités de ses joues.

— C'est un remontant. J'alterne. Les descentes puis les montées. Comme ça, je crée mes montagnes russes personnelles. Si tu savais comme mes journées sont chiantes.

Il ferme les yeux quelques secondes qui paraissent interminables à John-John, puis, enfin, il se redresse, pose les pieds sur le sol et reste assis le regard fixé sur le mur de pierre sur lequel leurs deux ombres évoluent de manière grotesque.

— Tu les as vus ces sinistres qui forment ma compagnie quotidienne ? Pas un pour rattraper l'autre. Un troupeau de moutons que je pourrais mener à l'abattoir sans qu'un seul ne bronche. Comment crois-tu que des types comme moi puissent exister ? Parce que de pauvres hères les font exister. Tu ne veux toujours pas me dire qui tu es et pourquoi tu es là ?

Il souffle bruyamment puis se tourne vers John-John.

— J'ai essayé toutes les drogues inventées par l'homme. Toutes, sans exception. Naturelles, chimiques, biochimiques. Je suis un exemple vivant de la résistance du corps humain.

Il accompagne sa dernière phrase d'un coup de poing violent sur son torse, provoquant une quinte de toux grasse qui semble provenir du tréfonds de son corps.

— Bon, si tu ne veux pas me dire qui tu es, je vais te le dire alors. Tu t'appelles John-John Séquoïa. Tu demeures à Rennes et tu diriges la société de pistage que tu as créée il y a dix ans. Il y a quelques jours tu as été reçu par Gengis Déko-Marcus au sommet de la tour Élektra au *One Forest*. GDM t'a raconté ses petits malheurs, t'a dit qu'on voulait secouer son empire. Il t'a promis le gros lot. C'est pourquoi tu es ici, aujourd'hui, à fureter dans mon phalanstère.

L'effort fait soupirer Edelstein qui ouvre le tiroir de sa table de chevet pour en sortir un nouveau tube de boostants chimiques.

— J'en prends ? Je n'en prends pas ? dit-il en tendant le tube à John-John. Comme la soif de liberté et l'indépendance des Gaulois se sont érodées au contact des mœurs raffinées des Romains, Gengis Déko-Marcus nous corrompt tous avec les artifices de sa politique et les petits plaisirs faciles de son modèle économique.

Gary Edelstein se lève en se tenant au montant du lit et avale deux cachets en s'aidant d'un peu d'eau. Puis, il s'extirpe avec difficulté de son peignoir. Sur son dos, est dessinée une carte du Morbihan en couleur.

— Très bien, je vais jouer cartes sur table. Vous détenez certaines réponses aux questions que je me pose. Vous avez raison, GDM m'a demandé de trouver qui cherche à déstabiliser *UbiKus*. J'ai pensé que vous pouviez y être pour quelque chose.

— Je n'ai rien contre Gengis et ses activités, strictement rien. En réalité, j'ai toujours combattu un système, le système productif, pas un individu, même si cet individu méritait un sort particulier.

— Alors pourquoi vous en être pris à lui ?

— Parce qu'on a su me convaincre, répond-il dans un grand sourire. Mais ne m'en demande pas trop.

D'ailleurs je ne sais pas grand-chose, je n'ai rencontré que des intermédiaires dans cette affaire.

— Gary Edelstein, l'idole des ultra-verts ne serait qu'un mercenaire se faisant rétribuer pour mener des actions pseudo-subversives ? Donnez-moi un nom ou je lancerai une campagne qui vous ridiculisera pour le restant de vos jours. Croyez-moi, je sais monter ce genre d'opérations. On ne s'en remet jamais.

Gary s'accroche au baldaquin et parvient à se lever.

— Je t'interdis de me parler sur ce ton… Tu n'es qu'un misérable…

— Ah oui, j'avais oublié que je me trouvais face à Dieu.

— Je pourrais te faire tuer.

— Tu n'es pas en état.

— Ça ne serait pas la première fois que… Vermine, je vais t'écraser…

Son regard laisse percer une lueur mauvaise. John-John s'approche du lit et saisit Edelstein par les épaules.

— Donne-moi ce nom Edelstein, ou je m'occupe sérieusement de toi.

Sans desserrer son étreinte, John-John saisit un tube de boostants chimiques dans le tiroir, le vide dans la paume de sa main puis enfourne les cachets dans la bouche d'Edelstein.

— Qu'est-ce que tu fais, balbutie Gary en manquant de s'étouffer.

Ses mains battent l'air à la recherche d'un élément solide à quoi se raccrocher. Il trouve la joue de John-John qu'il tente de griffer avec maladresse. Ce dernier lui assène deux coups de poing dans les côtes puis le force à boire un verre d'eau. Il attend quelques instants que l'effet du boostant soit efficace avant de reposer sa question :

— Qui t'a contacté ?

XIX

Chrysostome franchit trois sas de sécurité avant de parvenir au quartier d'isolement. Il traîne Némus derrière lui comme un boulet. Sans lui, il n'aurait pu rencontrer Golkoff qui refuse toute communication avec les représentants institutionnels et encore plus avec la police. Chrysostome doit se présenter comme la nouvelle recrue de *La Vigie* suite à la disparition de Madeleine Magnificat.

— Vous procéderez comme l'aurait fait Madeleine et je compléterai avec mes questions. Entendu ? Vous m'écoutez Némus, c'est important ce que je dis.

— Oui chef, répond Némus, l'œil vitreux, mais je n'ai pas la moindre idée de ce que Madeleine lui voulait.

— Si, vous le savez ! Elle venait faire son boulot de journaliste. Et ne vous perdez pas en dérivations inutiles. N'oubliez pas que je suis ici pour résoudre une enquête, pas pour entendre toutes les impressions qui traversent votre esprit.

Golkoff est allongé dans son hamac, au milieu d'une végétation luxuriante. L'administration pénitentiaire propose désormais cinq décors de cellule aux détenus : désert, ville, jungle, montagne, plage. Beaucoup choisissent la ville, avec ses immeubles en trompe-l'œil et les bouches d'aération qui soufflent un air aussi vicié que dans les métropoles. Depuis l'installation de ces décors et la possibilité de recevoir un hologramme familial par jour, les émeutes ont pratiquement disparu du milieu carcéral et on n'y compte plus aucun suicide depuis longtemps. Golkoff se lève, salue ses visiteurs et les invite à prendre place sur les deux transats de la cellule, tandis que lui-même rejoint son hamac.

— Vous savez quoi ? débute-t-il en fixant le bout de ciel bleu peint sur son plafond. Plus je moisis ici, et plus je suis persuadé d'avoir raison. Plus on essaye de rééduquer mon esprit débile et plus je suis réfractaire. Je dois être vraiment mauvais.

Il se fige soudain et tend l'oreille :

— Vous entendez ? Il avance tout doucement. Regardez, là-bas !

Il montre du doigt une petite boule de poils qui bouge imperceptiblement dans le carré de végétation.

— Il gratte, il fourrage. C'est Max, mon tang. Si on m'avait dit un jour qu'un hérisson deviendrait mon meilleur ami… Viens là, Jerry, crie-t-il en chiffonnant un petit sachet.

Le hérisson s'approche sur ses hautes pattes. Golkoff prend un insecte dans le sachet et le dépose au sol. Le hérisson semble l'aspirer et disparaît dans la végétation.

— Alors, que voulez-vous savoir que la terre entière ne connaisse déjà ? Ma vie a été épluchée, mon profil *Personae* jeté en pâture à tous. On sait avec qui je jouais au jardin d'enfants à l'âge de 3 ans, le nom de mon premier flirt, celui de mon dernier dentiste, la fille avec qui je me suis dépucelé et à quel âge…

— Ce n'est pas ce que tout le monde peut savoir que nous sommes venus chercher, mais l'origine de tout ça, dit Némus dans un éclair de lucidité, en embrassant la cellule du regard. Madeleine tenait absolument à vous rencontrer parce qu'elle voulait comprendre qui vous étiez. Quelqu'un sait-il pour quelle raison vous croupissez dans un misérable décor de jungle ? Nous sommes là pour ça Golkoff.

Chrysostome regarde Némus en se demandant s'il ne vient pas de tout donner.

— Je ne ressens pas d'admiration envers les terroristes, Golkoff, mais je dois vous reconnaître la qualité de savoir poser les problèmes.

— Vous ne savez pas à quel point les compliments d'un vieux jeton confit dans l'alcool me vont droit au cœur rétorque le prisonnier.

Némus s'enfonce dans son transat, la mine boudeuse.

— J'ai répondu à votre demande d'interview parce que votre collègue m'avait envoyé sa photo et qu'elle était vraiment canon. J'ai souvent droit à des laiderons qui de surcroît imaginent que je vais les épouser. Même les tueurs d'enfants qui peuplent cette prison reçoivent des messages d'amoureuses transies, c'est vous dire à quel point cette société est répugnante.

Il hausse les épaules et se relève pour déplacer un pot contenant une plante grasse.

— J'avais dit oui à sa demande et comme elle a été tuée dans des conditions révoltantes, en voulant sans doute faire la vérité sur quelque scandale, je respecte ma promesse en vous recevant. Maintenant, j'ai juste un peu l'impression que ça sent la flicaille dans ma jungle.

Il se rassied et, narquois, fixe Chrysostome.

— Vous êtes perspicace Golkoff. Vous possédez un radar anti-flics. Je travaille à la PJ.

Golkoff sourit et, d'un signe de menton, demande à Chrysostome de poursuivre.

— Savez-vous pourquoi Madeleine souhaitait vous interviewer ?

— Je suis une vedette, non ?

— Pourquoi souhaitait-elle vous rencontrer ? répète froidement Chrysostome en se rapprochant de Golkoff.

— Probablement parce que je suis le dernier prisonnier politique de ce pays et parce que je représente un modèle pour tous les crypto-anarchistes d'Europe et d'ailleurs.

— C'est bon Golkoff, mettez vos réflexes pavloviens de côté, j'enquête sur le meurtre de Madeleine qui, elle aussi luttait contre l'ordre établi en révélant les turpitudes de certains décideurs de ce pays.

— Madeleine voulait s'entretenir avec la gloire que vous êtes, parce que cela aurait indéniablement constitué un scoop pour notre journal, mais je crois qu'il y avait autre chose, ajoute Titus Némus.

— Regardez ce que j'ai trouvé dans son appartement, insiste Chrysostome en fouillant dans la poche de son blouson.

Il lui tend le bout de papier qui porte son nom : Golkoff.

— Vous savez combien de temps j'ai encore à tirer ici avec ce faux ciel pour horizon, ces plantes bidon et ce hamac pourri ? demande Golkoff en devenant subitement sérieux.

Il éponge son front perlé de minuscules gouttes de sueur.

— Putain d'ambiance tropicale ! Leur truc est déréglé depuis au moins six mois.

Il s'approche de la porte en plastique transparent, pose ses deux mains dessus et fixe le mur en lambris du couloir.

— Trois années ! Je suis ici pour avoir un peu emmerdé les institutions. J'ai détruit tout ce que j'ai pu en deux ans d'activisme, avec une franche détermination et la joie chevillée au corps de lutter contre le système, seul… ou presque, achève-t-il dans un souffle.

Chrysostome se lève, la surprise déforme son visage.

— Comment ça presque seul ? Après votre rupture avec Inès Chumpi, vous vous êtes toujours présenté comme un solitaire.

Golkoff, les mains appuyées contre la porte, tourne lentement le visage vers le lieutenant.

— Je ne suis pas fait pour être ça. On m'a retiré mon informatique. Je serai à la ramasse quand je sortirai d'ici, complètement déconnecté. Dans ma branche, une semaine sans avoir les mains dans un circuit et on perd tout son talent. En sortant, je serai proche de ne jamais avoir existé. Tout ce génie accumulé en vain !

Il s'approche de Chrysostome.

— Vous vous souvenez quand j'ai saboté l'alimentation électrique des voies ferroviaires empruntées par les convois de déchets nucléaires ? Et quand j'ai scié une dizaine de turbines à vent de douzième génération. Et l'éolien offshore au large de l'île de Sein ? On aurait dû me donner une médaille pour ces faits. Au lieu de ça, je suis en train de payer pour tous les terroristes crypto-anarchistes.

— Personne n'a jamais rien compris à votre doctrine, Golkoff.

— Et pour cause, je n'en ai pas. Mais ces actions, tout le monde les a comprises.

— Vous venez de laisser entendre que vous n'étiez pas seul lors de vos sabotages.

— Que me donnerez-vous si je vous raconte une ou deux histoires ?

— Comment ça ?

— Je vais vous mettre l'eau à la bouche. Madeleine écrivait une biographie de GDM, une espèce de bombe atomique sur la manière dont il a créé son empire, puis confondu les intérêts de la métropole avec ceux d'*UbiKus*. Des centaines de biographies ont déjà paru sur l'homme, mais pour l'immense majorité, elles ont été commandées par les services de GDM. Souvenez-vous, il y a cinq ans, il a fait paraître trente biographies de lui en quelques semaines pour créer un sentiment de confusion et torpiller ainsi le vrai travail d'écrivains et de journalistes consciencieux et libres. Depuis, la moindre tentative de faire paraître un papier sur GDM est noyée sous un déluge de contre-articles et de témoignages téléguidés. En ce qui concerne le projet de Madeleine, elle voulait taper fort. Pour tout vous dire, j'ai cru comprendre que la partie concernant sa vie privée ne serait pas la moins intéressante.

— Comment ça ? s'insurge Némus qui semble découvrir le projet.

— Elle ne souhaitait pas que cela passe par *La Vigie*, car elle voulait une portée nationale à son texte.

Golkoff jette un œil distrait vers la végétation qui bruisse sous l'activité du tang.

— Que vous a promis Madeleine ?

— Honnêtement rien. Elle me plaisait bien cette fille. Elle avait du cran. Et puis elle représentait un autre versant de la révolution. Une vraie dure à cuire.

— Bon, que souhaitez-vous en échange de vos informations ?

— Je sais que vous n'avez aucun pouvoir. Je sais aussi que toutes les informations que je possède ne vaudront jamais qu'on libère avant l'heure un type comme moi, dangereux pour le système. Ils consentiront à me laisser sortir quand je serai vraiment essoré, que je ne vaudrai plus rien sur le marché de la contestation. Lorsque je serai totalement démonétisé, là je pourrai franchir les grilles de cette taule. Alors je vous propose une chose qui devrait être dans vos moyens. En tant que prisonnier doté d'un statut politique, je n'ai droit qu'à des holo-messages d'institutionnels. Je souhaiterais recevoir un holo-message personnel par jour.

— Cela ne me semble pas insurmontable. Je peux simplement vous donner ma promesse que j'appuierai votre demande, répond Chrysostome.

Il marque un temps d'arrêt.

— Je vous écoute.

Golkoff hésite un instant, va se servir un verre d'eau glacée au distributeur.

— J'ai mis à genoux le plus important réseau d'hologrammes européen pendant deux heures, j'ai saboté le réseau électrique souterrain de haute tension alimentant Nantes et son agglomération, j'ai également exploité huit failles de sécurité informatique successives dans la tour Élektra, la paralysant régulièrement et je passe sur le reste.

— Quel lien avec ce que voulait révéler Madeleine ?

— Ce qu'elle avait découvert, seule dans son coin, c'était que GDM, l'homme politique, mais aussi l'homme d'affaires, subissait et continue de subir des attaques violentes et planifiées. Vous n'en entendez pas parler car GDM a intérêt à minimiser ces attaques, mais en coulisses, les actions continuent, ininterrompues. Par paresse ou par désintérêt, personne n'a jamais vraiment voulu savoir pourquoi ces attaques avaient lieu et à qui elles profitaient.

— Pour une partie infime mais très militante de l'opinion publique, *UbiKus* et son fondateur représentent les dérives les plus graves de notre société qu'il a poussée au bout de sa logique marchande.

Cette frange engagée estime que GDM a fini de déshumaniser nos sociétés avec la propagation massive des hologrammes. Ce sont des arguments suffisants pour créer une rébellion ou, pour le moins, une résistance, non ?

— Comment Madeleine a-t-elle su que vous étiez un des agents déstabilisateurs ?

— Nous ne sommes pas légion sur le marché à pouvoir mener des opérations de sabotage aussi élaborées. Elle a fait la tournée des camarades de combat et a souhaité me rencontrer pour valider sa théorie. Et si vous voulez connaître l'origine de tout cela, il va falloir vous armer de patience, monsieur le policier.

— Donnez-moi une piste.

— Ça je ne peux pas. Et puis je viens de vous donner un beau mobile pour le meurtre de Madeleine, non ?

— Vous avez évoqué certains éléments sur la vie privée de GDM. Madeleine aurait-elle appris, selon vous, des choses que personne ne sait sur le sujet ?

— Mais personne ne sait rien sur GDM.

Golkoff se lève et fixe Chrysostome dans les yeux en lui donnant une poignée de main ferme.

— Je n'ai pas l'impression de rater ma vie, vous savez. Elle est une œuvre faite de tableaux violents.

— Quel hologramme voulez-vous recevoir ? demande Chrysostome.

— Depuis que je suis enfermé ici, j'ai fait le tri de mes amis. C'est triste à mourir, mais je n'en ai plus qu'un. Il continue de s'intéresser à moi alors que je suis dans cette cage. Quand vous aurez obtenu l'accord de principe pour autoriser mon extension hologrammique, je vous donnerai son nom.

Chrysostome consulte son holosat en quittant le centre pénitentiaire. Jean-Moktar lui a laissé une série de transmissions urgentes. Sur le parking, le lieutenant s'adosse à la portière de la voiture et reçoit la communication.

— Chrysostome, réunion d'urgence au siège ! Ramirez t'attend de pied ferme. Il est monté sur ressorts.

XX

Abrutie par la chaleur et l'oisiveté, la communauté repose tout entière à l'horizontale dans les dortoirs ou bien sous les immenses châtaigniers et les quelques pommiers. John-John enfourche un vélo tout-terrain et quitte précipitamment le phalanstère sous les cris d'un guetteur brusquement sorti de sa torpeur. Finalement, il a réussi à extorquer un nom à Gary Edelstein. Ce dernier, dans son coma chimique, a déliré mais John-John a compris que le gourou shooté, lorsqu'il était encore autorisé à mettre les pieds à Rennes, s'approvisionnait en dopants auprès d'un certain Freddy-Py dont la spécialité est le *revival spray*, autrement appelé RS, un liquide de synthèse dont on s'asperge le visage et qui procure une sensation de fraîcheur et de bien-être telle qu'on a le sentiment de léviter mentalement. Un usage intensif de ce type de produits provoque des dégâts irréversibles sur les tissus de la peau. Gary Edelstein en a fait les frais.

Freddy-Py, un soir qu'Edelstein lui avait rendu visite pour récupérer sa cargaison de RS, lui avait demandé s'il était en capacité de mener, contre rémunération, quelques opérations antisystème. Freddy le Margouillat n'était qu'un intermédiaire dans l'histoire et il refusa évidemment de donner le nom de son commanditaire. Gary avait accepté le contrat et, de fil en aiguille, il avait réalisé que les cibles communiquées par Freddy-Py visaient principalement les activités de la branche communication d'*UbiKus*. Edelstein n'avait pas cherché midi à quatorze heures. Comme les opérations commanditées par l'intermédiaire rejoignaient son aspiration ultra-verte, il avait commencé les sabotages sans état d'âme, et motivé, de surcroît, par les défraiements généreux du commanditaire mystérieux.

John-John pédale comme un dératé sur un petit chemin cerné de bruyères et de genêts. Après une heure, il s'arrête pour jauger la situation. Il s'apprête à redémarrer quand il entend un tumulte derrière lui. Il aperçoit une poussière blanche s'élever du sentier plus haut derrière quelques ormes et a juste le temps de jeter son VTT derrière un schiste et de s'aplatir au sol quand une dizaine d'adeptes d'Edelstein chauffés à blanc passent devant lui. Désormais pris entre deux feux, il attend le coucher du soleil pour se remettre en marche, éclairé par son holosat. Il progresse lentement, se sent cerné par la vie sauvage et cela lui donne l'impression de vivre sur une autre planète. Une lueur au loin l'inquiète. Il s'en approche, abandonnant en chemin le vélo qui entrave ses mouvements. Il trouve une grande roche plate sous laquelle il se réfugie pour la nuit. Le lendemain matin, transi de froid, il se remet en route. Le paysage change imperceptiblement. Le relief s'adoucit, il arrive sur le plat. C'est en parvenant dans un petit village quasi abandonné que John-John remarque la présence des adeptes d'Edelstein. Postés de chaque côté de la rue principale, au niveau d'une épicerie à la vitrine grillagée, ils scrutent les nouveaux arrivants. John-John recherche une solution de repli, mais il n'a pas d'autre choix que de compter sur lui et ses capacités athlétiques. Il avance lentement à découvert et s'élance subitement dans une ruelle étroite, encombrée de blocs de pierres détachés des murs des habitations, et formant comme des barricades naturelles. Il les gravit, saute, court à perdre haleine, poursuivi par les plus alertes des adeptes qui l'ont repéré. Au coin d'une vieille bâtisse, il se plaque contre un mur, ramasse une grosse pierre à terre et s'en sert de masse sur le premier visage qui apparaît. L'homme, l'arcade sourcilière ouverte, le visage en sang, s'étale de tout son long sur le sol. Trois types hirsutes apparaissent aussitôt, le visage défiguré par la haine et l'effort. John-John jauge ses adversaires, choisit le plus imposant et s'avance vers lui avec détermination. Un fouetté au visage, un direct au plexus et le type, plié en deux, à la recherche d'une bouffée d'air qui ne vient pas, se laisse tomber contre le mur. Effet psychologique assuré. John-John règle rapidement son compte au deuxième puis il laisse s'échapper le dernier.

***

Parvenu douze heures plus tard à la gare de zeppelins de Morlaix, John-John va se débarbouiller dans les toilettes et y reste dissimulé jusqu'à l'annonce du premier appareil à destination de Rennes. Il attend d'être installé sur le pont supérieur et reconnecte son holosat. Une douzaine de messages s'affichent. Il reçoit d'abord ceux qui concernent l'agence. Une excellente nouvelle ! Son meilleur pisteur vient de retrouver l'adolescente fugueuse, réfugiée à Tbilissi chez un contact adepte, comme elle, d'un groupe apocalyptique confidentiel. Il écoute ensuite le message de sa jeune voisine Wenceslace et ses sempiternels états d'âme concernant ses mères. Il se promet de l'emmener prochainement en week-end pour lui faire changer d'air. Il ne faudrait pas qu'elle aussi se mette à flancher et qu'elle aille rejoindre on ne sait qui. Un dernier signal provient de la communicante de Déko-Markus. Aurora reproche à John-John de ne pas avoir de nouvelles et relaye le mécontentement de son patron. Visiblement, le degré d'urgence a monté d'un cran. John-John ne reprend pas contact avec la responsable de la communication du groupe *UbiKus* et loue une cabine pour dormir un peu.

***

Arrivé chez lui, il se rue sur son logiciel personnalisé de recherche, enregistre les dernières données qu'il a recueillies sur Gary Edelstein et Freddy-Py, le dealer, et relance l'application comptabilisant les éléments déstabilisateurs liés à GDM. Le nombre d'attaques directes contre le groupe *UbiKus* a fortement baissé. John-John passe un long moment à essayer, sans y parvenir, de comprendre quelles sont les raisons de cette décroissance. Il alimente le fichier de nouveaux critères d'appréciation liés, notamment, à l'activité politique de GDM et un critère inattendu sort brusquement de ses recherches comme le lapin du chapeau du prestidigitateur. Il laisse échapper un juron. Contre toute attente, la grève en cours des employés de la *Coginet* apparaît comme le facteur principal d'atteinte aux intérêts du président de la métropole. John-John charge les messages liés à cette grève et visionne toutes les interventions des représentants syndicaux du groupe de nettoyage. Le principal motif qui préside à l'arrêt du travail semble être d'ordre financier mais, en affinant les données, il se rend compte que le mouvement a pour origine une communication toxique lancée sur une vingtaine de réseaux sociaux simultanément. Il s'agit en réalité d'un *fake*, amplifié selon un schéma de diffusion exponentiel parfaitement orchestré. Du travail d'orfèvre, à n'en pas douter, mené par des professionnels de la déstabilisation. L'horizon s'éclaircit subitement pour John-John. Des types capables de mener des opérations d'une telle envergure ne courent pas les rues.

En fin d'après-midi, il se rend au pied de la tour Élektra. Il doit s'entretenir avec Aurora Kraft des contours véritables de sa mission. GDM l'a envoyé chercher quelque chose, mais John-John n'est plus persuadé que la direction qu'on lui a indiquée est la bonne. Deux robots humanoïdes supervisés par un vigile derrière un comptoir lui demandent, avec une débauche de formules polies, de patienter un moment dans le hall. Il s'exécute.

Tandis que John-John observe des reproductions gigantesques de toiles de maîtres, il a le sentiment d'un regard sur lui. Il fait un demi-tour à gauche suffisamment brusque pour que le superviseur des robots humanoïdes qui le fixe, surpris par son mouvement, détourne immédiatement son regard. L'homme, la trentaine, au profil aquilin, semble sourire dans le vide. Ainsi immobile, on croirait la statue d'Horus revêtue d'un uniforme de gardien de sécurité. Comme si les caméras n'y suffisent pas ! Il faut désormais que l'on soit épié par ses semblables. Un peu plus tard, le chef de la sécurité du groupe *UbiKus*, Brandon Acid, se déplace en personne à la rencontre de John-John avec un grand sourire qui ne présage rien de bon.

— Aurora Kraft n'est pas dans nos locaux, dit-il d'emblée. Vous savez, elle est employée par la métropole, nous la voyons très rarement ici.

— Bien, pouvez-vous dire à Ultramarine Déko-Marcus que je souhaite la voir.

— Désolé, monsieur, elle ne reçoit personne.

— Je la connais personnellement, insiste John-John.

— Grand bien vous fasse. Moi je ne la connais pas personnellement et je le regrette. Je l'ai sans doute aperçue une poignée de fois à des fêtes données par son père, sinon, j'ai plutôt affaire avec sa réalité déportée. Pourquoi ne pas lui envoyer votre hologramme ? Si vous en avez le code, évidemment.

John-John est raccompagné à la vaste porte du hall par le cerbère en chef qui ne souhaite visiblement pas le voir s'éterniser ici. En passant devant le gardien Horus, John-John entend Brandon Acid lui lancer sur un petit ton ironique :

— Tiens ta garde Koubi !

XXI

Le contrôleur général Ramirez, le technicien Jean-Moktar Mahmouti et la cyber-documentaliste de la PJ, Térébenthine M'Ba, ainsi que trois binômes de la PJ, dont Brenda Karkowitch et Irving Capel du 77, se trouvent déjà dans la salle quand Chrysostome arrive. Sans dire un mot, le contrôleur général de première classe montre du doigt un siège à Chrysostome et l'invite du menton à s'asseoir. Chrysostome interroge Jean-Moktar du regard sur la présence de Karkowitch et de son technicien à cette réunion.

— Chrysostome, dit Ramirez qui a saisi l'échange entre ses subordonnés, vous comprendrez la présence des binômes en renfort dans quelques instants. En premier lieu, pour ceux qui l'ignorent encore, la tuile vient de tomber. Il est confirmé que Gengis Déko-Marcus était très proche de Madeleine Magnificat. C'est un euphémisme pour dire qu'ils ont été amants. Les dernières recherches en reconnaissance faciale opérées par Térébenthine M'Ba ne laissent pas de doute quant à l'authenticité de cette information. Chrysostome jette un regard interloqué à M'Ba qui lui répond par une petite moue navrée.

— Résultat ! Il devient un suspect, pas le seul, mais assurément le plus délicat à prendre en compte. Il nous faut donc appréhender cette affaire sous un angle nouveau. Même si l'enquête arrive à le dédouaner, la politique se déversera là-dedans comme un tombereau d'ordures dans le gouffre à déchets de Chantepie.

Nous marchons sur des œufs et, plus que jamais, tout ce qui sortira d'ici devra désormais avoir reçu mon imprimatur.

— À ce propos, qu'en est-il de la demande d'autorisation d'accès au fichier pourpre ? La comparaison des prélèvements effectués chez la victime avec la banque de données permettrait d'avancer, essaie Chrysostome qui n'a pas abandonné cette piste.

— Quand vous avez une idée en tête, s'agace Ramirez. Elle a été refusée. En admettant que GDM est innocent, il ne pourra même pas solliciter l'accès à ses propres informations. On le savait, passons à autre chose.

— Comment est-on sûr que GDM et Madeleine Magnificat entretenaient une relation amoureuse ? Après tout, rien ne l'indique sur les extractions vidéo.

— La relation amicale entre un homme et une femme est un concept qui n'a jamais effleuré GDM. Il peut faire des affaires avec une femme, l'avoir pour ennemie, pour concurrente, mais jamais pour amie. Par ailleurs, un érotomane comme lui ne considère les femmes que comme des cibles. Qui d'autre que lui dans ce pays et peut-être même sur cette planète a déjà fréquenté une douzaine de fois les cliniques de ré-inhibition sexuelle ? Par ailleurs, il a étouffé six ou sept scandales de cet ordre à coups de millions d'euros. Il est connu pour ça, c'est un fait avéré, pas une hypothèse. Bon, Mahmouti, du nouveau ?

— J'ai transmis mon hologramme aux quatre conseillers de la métropole qui ont été mis en difficulté dans les articles de *La Vigie*. L'un d'entre eux s'est reconverti, à sa sortie du centre fermé, dans le conseil fiscal aux TPE. Il apparaît tout à fait ravi de sa nouvelle vie. Il m'a presque demandé de remercier

La Vigie d'avoir brisé sa carrière politique. Deux ont quitté le pays, l'un pour suivre un MBA à la Myanmar Business School de Rangoon et l'autre pour tenir un commerce au Levant où il a refait sa vie avec une Syrienne. Je les ai joints. Ils m'ont dit qu'ils avaient payé leur dette. En gros, ils voulaient que je leur foute la paix. Le quatrième est mort d'un cancer il y a deux mois.

— Rien d'autre ?

— J'ai exploité les images de la boîte noire de l'immeuble de Madeleine à J -10. Je tiens une scène particulièrement intéressante au cours de laquelle Déko-Marcus raccompagne la victime sur son palier, mais il se voit interdire d'entrer par Madeleine. GDM lui montre sa mauvaise humeur en tapant sur le chambranle de la porte, puis il baisse le visage, toujours protégé par son chapeau et prend la direction des escaliers.

— La question intéressante est la suivante : pourquoi se dissimulait-il ? Après tout, il est connu pour ses innombrables conquêtes, cela ne lui a jamais porté préjudice.

— Avez-vous des informations sur les conditions de leur rencontre ?

— Là, je crois avoir la réponse, avance Térébenthine M'Ba en levant le nez de la table écran qu'elle fixe depuis le début de la réunion. J'y ai passé du temps parce que le réseau *Smart Flirt Wire* est un véritable labyrinthe truffé de chausse-trappes, mais j'y ai découvert une dizaine d'alias derrière lesquels notre éminent dirigeant communique fréquemment. Il a un certain attrait pour les économistes historiques. « M. Ricardo », « M. Smith », « M. Friedman », tous libéraux, soit dit en passant. Il faut supposer que l'économie peut constituer un puissant aphrodisiaque parce que près de quatre cents femmes ont accepté un contact avec GDM, ces trois dernières années, sans savoir qui il était véritablement.

— Quatre cents ! s'exclame Chrysostome, qui semble se projeter au milieu de cette cohorte de femmes à la recherche d'une aventure.

— Attention, le réseau fonctionne sur une base de confiance, ses membres ayant l'obligation de fournir des indications biographiques véridiques. Sans se dévoiler, GDM a fait dire à son avatar qu'il possédait une position élevée dans la société et que, financièrement, il avait les reins solides. Ce qui explique en partie sa popularité sur le réseau.

— Là encore, comment un type aussi connu que GDM peut-il se dissimuler derrière un alias ? Son camouflage ne peut pas tenir très longtemps.

— On voit que vous ne fréquentez pas souvent ce genre de réseau, sourit Mahmouti. La plupart des socios y avancent masqués sous le paravent d'un avatar. Ils ne se révèlent qu'après un tour d'échauffement qui peut durer quelques jours, voire des semaines, et s'assurent toujours que des points d'accroche sérieux existent entre eux et les avatars contactés. Après, seulement, ils dévoilent leur véritable hologramme. Le réseau marche à la confiance. Par le passé, il y a eu trop d'abus et quelques drames.

— Trop compliqué pour un type comme moi qui suis avec la même femme depuis cinq ans ! Et Magnificat dans l'histoire ?

— Elle était une grande habituée du réseau. J'ai pu comptabiliser quatre-vingt-sept contacts de sa part dont cinquante-cinq avec GDM. Autrement dit, leur histoire semble avoir démarré sur le SFW.

— À l'initiative de qui ?

— Si je reprends l'historique de cette relation, il semble que la victime a effectué la première transmission, mais que son holo-profil avait auparavant déjà été visité par Déko-Marcus.

M'Bas confirme en hochant la tête.

Pendant toute la réunion, Chrysostome peine à s'extraire de sa rencontre avec Golkoff. La piste passionnelle n'est pas à écarter complètement, mais les informations que lui a données le crypto-anarchiste changent passablement la donne. Madeleine préparait une biographie de GDM après avoir vécu une courte histoire avec lui. L'avait-elle séduit pour l'approcher et trouver l'angle et la matière pour sa biographie ou bien l'idée lui est-elle venue après la rencontre ? Par ailleurs, comment a-t-elle deviné que GDM se cachait derrière un avatar ? Parallèlement, ou peut-être juste après cette relation, elle a eu une aventure avec un homme plus jeune. Sans doute celui qui l'a assassinée. S'agissait-il de deux histoires complètement différentes ? GDM a-t-il pu commanditer l'assassinat de Madeleine en faisant appel à une espèce de cinglé ? Chrysostome émerge de ses pensées quand il réalise que tout le monde le fixe.

— C'est à vous, nous vous écoutons !

Chrysostome toussote brièvement.

— J'ai trois noms à exploiter pour ne négliger aucune piste. Kévin Tixier, le voisin de palier de Madeleine, Charles-Amédée de l'Herbéchère, l'un des deux gardiens de l'immeuble, et Freddy-Py, un oiseau de nuit rencontré par Madeleine lors de ses pérégrinations. Ce dernier se serait disputé avec un homme beaucoup plus âgé que lui, GDM, probablement. Je crois qu'il faut également passer Titus Némus au crible de *Personae*, non pas en tant que suspect mais pour voir s'il n'y a pas un fil à tirer de ce côté-là.

Chrysostome se tourne vers Térébenthine M'Ba qui embraye aussitôt.

— Pour Titus Némus, j'ai effectué tous les criblages possibles. Rien à signaler. Comme vous me l'avez demandé, j'ai également travaillé sur Freddy-Py, ou Freddy le Margouillat comme l'appellent ses acheteurs de drogues biochimiques.

Térébenthine M'Ba projette Freddy-Py sur le mur. Ce qui frappe avant tout dans le personnage est le regard aux paupières tombantes. L'homme porte une crête rose sur le crâne et des lentilles jaunes qui contrastent avec le blanc de l'œil qui semble avoir été coloré à l'encre. Il peut avoir une trentaine d'années, est de taille médiocre, et porte de nombreuses scarifications sur le visage et sur les avant-bras.

— Notre homme a déjà effectué trente-cinq mois de détention et dix-sept sous bracelet électronique pour une série de faits délictueux allant du vol à la destruction de biens communs, en passant par la revente massive de produits dopants et une affaire de trafic d'organes humains. Il fréquente les établissements de nuit de la zone sud-est et est connu pour être le contact des caïds du camp de la Corne Rouge pour ce qui concerne le trafic d'organes. Il est également réputé pour détenir le monopole des boostants chimiques dans ce secteur.

— Charmant personnage, siffle Ramirez. Le premier homme politique de la métropole, une journaliste et un revendeur de drogue. Beau casting ! Karkowitch, vous prenez Freddy-Py avec votre binôme.

Le contrôleur général se tourne vers Chrysostome qui n'a pu éviter un geste d'humeur.

— On joue groupés, Chrysostome. Ça vaut également pour vous Karkowitch et pour tous ceux qui participent à cette enquête. Je veux que ça glisse et que l'information circule. Le premier qui contrevient à ce que je viens de dire me trouvera sur son chemin pour le renouvellement de son contrat. C'est clair ?

Tout le monde acquiesce.

— Bon, poursuit Ramirez, Térébenthine M'Ba, vous sortirez les fiches des deux individus dont vient de parler Chrysostome, le voisin et le concierge. Au fait, qu'avez-vous appris de votre visite chez Golkoff ?

Chrysostome s'apprête à relater son entretien quand le téléphone corporel du chef de brigade émet un signal. Le contrôleur général reçoit l'appel tout en balayant son équipe du regard. Puis il raccroche, l'œil noir.

— On vient de retrouver le corps d'une femme au pied de la façade ouest de la tour Élektra, suriné d'une vingtaine de coups de couteau.

XXII

Nu comme un ver, John-John descend de sa barre de traction, pose un sarong sur ses hanches, prépare un café et le boit lentement sur la terrasse en embrassant du regard la végétation qui recouvre la ville. Ensuite, il s'attaque au dossier GDM. En quelques minutes, il réussit à composer une biographie de Freddy-Py comptant une centaine de lignes. L'individu semble exceller dans le rôle d'intermédiaire. En recoupant toutes les informations, John-John découvre que Freddy-Py, dit le Margouillat, apparaît dans une cinquantaine de faits délictuels ces six dernières années. Étrangement, il est souvent passé entre les mailles du filet. Il y a fort à parier que s'il avait accompli les peines de prison correspondant à son parcours, à l'heure actuelle, il serait encore en train de croupir au fond d'une cellule. Dans ce cas, sert-il d'indicateur aux forces de l'ordre ? À l'aide de *Localis 35*, il parvient à retracer les itinéraires favoris du Margouillat. Il repère un petit café vers la place des Lices, à l'emplacement d'une ancienne librairie islamiste plastiquée jadis par des fondamentalistes sunnites encore plus radicalisés. Il y a ses habitudes principalement le matin. Il constate également qu'il fréquente assidûment l'*Éros Center*, jusqu'à deux à trois fois par semaine. Freddy-Py a aussi ses entrées dans la Corne Rouge pour son business. Fort de ces nouveaux éléments, John-John s'habille et sort de la tour. Il tombe sur Wenceslace, assise près de la fontaine avec un groupe de filles. Il lui fait un petit signe amical de la main.

— Attends ! Attends, crie-t-elle en courant vers lui. On peut parler ?

— Je n'ai pas trop le temps en ce moment.

— Mes mères me font chier.

— Oui, comme d'habitude, répond-il.

— Non pas comme d'habitude, encore plus.

— Tu as vu ta tête ? Avec ton blush et ta joncaille, on dirait que tu as pris dix ans. Tu es laide à pleurer avec tes nippes de clocharde, et tes allures de succube. Moi une fille comme toi, même en cauchemar, je ne l'imagine pas.

L'avis d'un vieux sur les fringues qu'elle porte et sur la tête qu'elle a ce jour-là ne semble lui faire ni chaud ni froid.

— Je peux squatter ton appart ?

— Tu ne touches pas à mon bureau et en ressortant, tu planques ça où tu sais, dit-il en lui tendant sa carte d'entrée.

Il lui fait un signe de la main et s'éloigne en souriant. Certains ont deux mères, d'autres aucune, c'est vraiment le bazar !

Le café *L'Étoile de Fès* est bondé. John-John s'installe au comptoir et commande un café turc sans sucre. Il reste ainsi deux heures, un œil fixé sur l'écran diffusant les informations métropolitaines en boucle, et un autre sur les occupants de l'établissement. Autour de lui, la clientèle est masculine et orientale. Syriens, Irakiens, Maghrébins, Indonésiens, Libyens, la *Muslim Community* est représentée dans toute sa diversité. Jacky, le patron, un Tunisien d'une trentaine d'années qui attend la naturalisation par mariage depuis trois ans, passe son temps à enfourner des capsules de thé et de café dans ses appareils tandis que sa serveuse en niqab effectue des allers et retours avec un large plateau à la main. L'attention de John-John est soudainement attirée par un bandeau qui apparaît sur l'écran. Il plisse les yeux pour lire que le corps d'une femme vient d'être découvert dans le sud de la métropole. Il quitte le comptoir pour se rapprocher de l'écran et écouter ce qui se dit quand il ressent un choc violent dans la poitrine. La victime, une jeune femme de 33 ans, répond au nom d'Iso-Yellow Kardec. Elle vient d'être sauvagement assassinée à l'arme blanche en plein cœur de la métropole. Il quitte précipitamment *L'Étoile de Fès* pour trouver un peu d'air frais et hèle un taxi-vélo qui le ramène chez lui. Wenceslace et ses trois copines, avachies sur ses sofas, semblent avoir formé le club des démones de moins de 15 ans. Il les congédie sans ménagement. Au cours de la journée, il n'apprend rien de plus sur la mort d'Iso-Yellow, à l'exception de détails sordides sur les circonstances du meurtre. Il se décide alors à transmettre son holosat à Aurora Kraft qui le reçoit immédiatement. La communicante semble mécontente, mais il coupe court à ses reproches pour lui demander une mise en contact immédiate avec Gengis Déko-Marcus.

— Sur-le-champ, sinon je vous tiendrai responsable des obstructions touchant à cette affaire que votre patron m'a confiée, assène froidement John-John.

La responsable de la communication hésite encore puis elle demande à John-John de patienter. Un court instant plus tard, il se retrouve dans le vaste bureau du président de la métropole. Ce dernier, seul, assis à l'immense table de réunion, écrit de l'index gauche sur une tablette. Il redresse la tête en voyant apparaître la représentation de John-John.

— Avez-vous regardé les informations ? demande John-John sans préambule.

— Oui, répond sobrement GDM.
— Et alors ?
— Elle était si jeune.
— C'est tout l'effet que cela vous fait ?
GDM se lève et s'approche de l'hologramme.
— Je sais que vous la connaissiez Séquoïa. Elle me l'a dit. Nous avons cela en commun.
— Une morte en commun, vous voulez dire, assène John-John. Que lui est-il arrivé ?
— Je l'ignore. Nous avons eu une courte liaison. Quelque chose, pour ainsi dire, qui n'a pas véritablement existé.
— Bon Dieu, vous n'avez franchement rien d'humain. Votre fille a raison, vous êtes un salaud.
Déko-Marcus ne s'offusque pas. Il sourit doucement et se rapproche encore des baies vitrées qui font le tour de la pièce.
— Ah vous connaissez ma fille ?
Pour la première fois peut-être, il semble désarçonné.
— Cette manie qu'elle a de parler à tout le monde, tout le temps, finit-il par lâcher en soupirant. Elle ne sait pas toujours ce qu'elle dit, vous savez elle est fragile. Et puis, elle prend son rôle trop à cœur. Je me demande parfois si elle croit réellement diriger *UbiKus*. N'est-ce pas risible ?
Il part dans un grand éclat de rire.
— Tous les jours, on m'approche, on vient tenter sa chance auprès de moi. Il y a des hommes qui me proposent de l'expérience, des idées, des collaborations, des concepts révolutionnaires. Comme si je les attendais depuis toujours… Vous ne pouvez imaginer à quel point les hommes admirent le point lumineux au-dessus d'eux, si brillant… Parfois, ils essaient aussi de me faire chanter, de m'influencer, de me menacer, de me soutirer

des informations. Mais là, ils ont tort, car ils me sous-estiment. Je sais être impitoyable.

Le regard qu'il plante dans les yeux de John-John a perdu tout ce qui le rendait civilisé une seconde plus tôt.

— Et puis, se reprend-il, soudain charmant, vous n'imaginez pas le nombre de femmes qui se présentent à moi avec pour seul bagage leur beauté, derrière laquelle se dissimulent presque toujours une volonté et une ténacité qui font froid dans le dos. Elles savent que je suis faible par certains côtés, elles décèlent avec acuité tout ce que ni vous ni moi ne sommes en mesure de voir et s'engouffrent dans la faille. Elles arrivent vers moi, avec cet air décidé, toujours très séduisantes, prêtes à tout.

Il commande vocalement l'ouverture de la porte-fenêtre et sort.

— Je n'ai pas toujours quelque chose à leur offrir. Alors parfois, elles se contentent de respirer un peu de mon air.

Gengis Déko-Marcus se tourne assez brusquement vers John-John :

— Je dis cela sans forfanterie, Séquoïa, je n'ai rien à prouver.

— Qu'avez-vous fait miroiter à Iso-Yellow ?

— Iso-Yellow est un excellent exemple. Elle a fréquenté tellement de gens qui n'ont pas été à la hauteur de ses attentes, tant d'hommes qui se sont révélés médiocres. On n'a pas le droit d'être médiocre avec des femmes comme Iso-Yellow. Vous connaissez son niveau d'exigence tout à fait exceptionnel.

John-John serre les mâchoires sous l'affront.

— Mais j'aime ça. J'aime ceux qui savent, qui agissent, qui ne se perdent pas en atermoiements et n'érigent pas de barrières avec leurs principes. Je la comprenais, l'époque est tellement superficielle. Il y a deux sortes d'hommes, seulement deux. Ceux qui défrichent et ceux qui suivent, l'avant-garde et le gros de la troupe, une poignée à laquelle j'appartiens et la masse panurgique qui bêle en troupeau. Quand les femmes sont mises en présence d'hommes tels que moi, elles réalisent qui, depuis toujours, construit le monde dans lequel respirent les hommes comme vous. Bon, abordons le sujet pour lequel je vous paye. Qu'avez-vous trouvé ?

Tremblant sous l'outrage, John-John s'apprête à cesser la communication, avant d'être rattrapé par la raison. Pourquoi mettrait-il de l'affect dans cette histoire ? Il dira son fait à GDM plus tard, à l'issue de son enquête.

— Une piste s'est ouverte. Je vais la suivre jusqu'au bout.

— Et quelle est-elle ?

— Je vous en dirai davantage lorsque je l'aurai précisée.

— À ce stade de notre relation, je me dois, du haut de mon expérience, de vous donner un conseil. Soyez loyal envers moi, sinon je vous briserai.

— Monsieur, je termine la mission que vous m'avez confiée, car je rends toujours un travail impeccable, puis je vous laisserai avec soulagement. Je ne suis pas payé pour vous mettre en garde, mais vous devez réaliser que si l'opinion publique apprend votre liaison passée avec une femme retrouvée sauvagement assassinée, vous n'aurez d'autre choix que de remettre en question certaines de vos certitudes.

— Effectivement, cela ne vous regarde pas.

Quand John-John cesse la transmission, il sent en lui une boule de rage terminer de se former et lui brûler le cerveau. Il souffle longuement afin d'évacuer sa colère.

XXIII

L'enquête sur le meurtre d'Iso-Yellow Kardec a été confiée au binôme 4. Ramirez lui a demandé de procéder aux constatations, aux prélèvements et aux premiers entretiens avec le voisinage et de déposer au fil de l'eau, sur le réseau sécurisé, toutes les informations recueillies afin que le groupe d'enquête sur Madeleine Magnificat soit en mesure d'opérer éventuellement des recoupements entre les deux affaires. La procureure de la République en personne a appelé Ramirez, prenant l'affaire à son compte. Le changement de dimension devient notable. Ramirez lui demande s'il peut désormais recueillir le témoignage de Gengis Déko-Marcus dans l'affaire Magnificat. Mais la procureure préfère que l'enquête sur Iso-Yellow progresse avant de mettre en branle les procédures à l'encontre du président de la métropole. On marche assurément en terrain miné. La procureure ne va certainement pas hypothéquer sa carrière sur un coup de dés, sans avoir face à elle la preuve irréfutable de l'implication de GDM dans des affaires aussi glauques. En vain, Ramirez relance l'idée d'obtenir l'autorisation parlementaire de consulter le fichier ADN pourpre afin de vérifier que l'assassin n'y figure pas. Là encore, il trouve une fin de non-recevoir, aussi courtoise que ferme.

Progressivement, les informations en provenance du binôme 4 tombent sur les écrans de la grande salle d'analyse. Comme pour le cas Magnificat, le meurtrier s'est acharné sur le corps d'Iso-Yellow. Une vingtaine de blessures sont identifiées. Chaque coup avait pour objectif de tuer. L'arme du crime pose problème aux techniciens. La lame n'est pas droite et ne ressemble pas aux armes blanches communément utilisées lors des homicides. Mais le moulage par micro-injection de cire dans l'une des blessures permet finalement de découvrir qu'un kriss de conception ou d'inspiration malaise-indonésienne a été utilisé. Le chef de brigade donne aussitôt les consignes à une dizaine de binômes de chercher l'origine du kriss dans les brocantes, les bazars asiatiques ainsi que chez les collectionneurs identifiés. Les vidéos exploitables autour du lieu du crime permettent, quant à elles, de constater très rapidement que l'agression s'est bien déroulée près de la tour Élektra et qu'Iso-Yellow n'y a pas été déposée *post-mortem*. On y voit clairement la jeune femme sortir de l'entrée principale vers 23 heures après avoir salué les deux androïdes de sécurité qui agissent sans supervision humaine lors des vacations de nuit. Elle a marché une centaine de mètres dans une contre-allée très peu éclairée avant d'être agressée par un homme à la démarche hésitante avançant dans sa direction. Parvenu à son niveau, l'individu a sorti son arme et frappé Iso-Yellow, qui a chuté immédiatement. On devine le reste de la scène sans en discerner les détails, car des haies de buis dissimulent les deux protagonistes. On distingue simplement un bras, prolongé d'une arme, se lever et s'abattre à plusieurs reprises. L'homme portait des habits sombres ainsi qu'une casquette noire ou couleur bleu marine recouvrant l'intégralité de son visage. Chrysostome, le seul à avoir vu le principal suspect dans l'affaire Magnificat, estime que l'homme sur la vidéo présente de fortes similitudes, sur le plan de la corpulence, avec l'individu du funérarium. Ramirez demande à M'Ba de procéder à l'étude physique comparative des captures vidéo de la tour Vérone et de la tour Élektra. Avant cela, la cyber documentaliste rend son rapport sur la douzaine de femmes disparues dans la métropole ces dernières années. Elle a cartographié tous les lieux où ces femmes ont été vues pour la dernière fois. Elle garde la dernière page de son rapport dans la main, voulant annoncer quelque chose. Finalement, elle la tend à Ramirez avec un large sourire.

— Je crois que nous tenons quelque chose. Une strip-teaseuse d'une trentaine d'années n'a plus donné signe de vie après avoir effectué une prestation au *One Forest* pour l'anniversaire de Brandon Acid, le chef de la sécurité de la tour Élektra, et une autre, serveuse pour un traiteur bien connu, a disparu peu après la tenue d'un cocktail organisé à la métropole.

— Deux liens supplémentaires avec GDM, murmure Chrysostome.

En début d'après-midi, une première réunion se tient avec l'équipe. Seuls Brenda Karkowitch et Irving Capel ne sont pas présents. Ils sont partis sur la piste de Freddy-Py, le dealer. Ramirez demande qu'on appelle leurs hologrammes, mais personne ne parvient à les joindre. L'équipe laisse passer la colère froide de leur chef qui ne supporte plus que ses hommes ne puissent pas être localisables dans la seconde.

— Bon, une certitude se détache. Notre homme ne semble pas aimer les femmes, dit-il en retrouvant son calme.

— Ça sent le tueur en série, avance l'un des techniciens à mi-voix.

Le chef de la police judiciaire semble indécis.

— Trop simple. J'ai le sentiment que nous tournons en rond. Qu'il y ait un tueur en série, c'est une éventualité, mais alors quel serait son mode opératoire ? Il assassine une femme blonde, puis une femme brune – sans être certain, soit dit en passant, de la véritable couleur de leurs cheveux – il en bat une à mort, puis utilise une arme blanche. Il opère en extérieur, en intérieur… C'est un peu erratique, tout ça, aléatoire. Aucune signature n'apparaît. Il est vrai que ces dernières années, tous les psychopathes de la planète ont fait des efforts de camouflage à la hauteur des moyens technologiques que nous leur opposons. Mais enfin, un cinglé est un cinglé, aussi malin soit-il, il fait toujours une erreur à un moment ou à un autre.

— S'il n'agit pas par pulsion, intervient Chrysostome, c'est que sa logique peut être crapuleuse, éventuellement passionnelle.

Les hommes du contrôleur général passent des heures à travailler quand, en fin d'après-midi, on vient leur annoncer la nouvelle sidérante qui change radicalement la donne dans les enquêtes sur Madeleine Magnificat et Iso-Yellow Kardec. GDM a annoncé qu'il abandonnait toutes ses fonctions officielles et qu'il renonçait définitivement à la vie politique. On comprend de son intervention laconique que le président, lassé d'être attaqué de toutes parts sans pouvoir réagir, a cessé toutes ses fonctions politiques pour se consacrer à la défense du groupe *UbiKus* dont il reprend les rênes. Pour la première fois, il a évoqué les tentatives de déstabilisation orchestrées contre lui et pointé du doigt des forces occultes mobilisées à saper les fondations d'une des plus belles réussites humaines, sociales et économiques de ces quarante dernières années.

Chacun pressent alors que des révélations fracassantes ne vont pas tarder à voir le jour.

XXIV

L'*Éros Center* couvre deux hectares et est entièrement dédié aux plaisirs de la chair. Ouvert pour expérimentation quelques années auparavant, il a été fermé puis rouvert sous le contrôle conjoint des ministères de la Santé et de l'Intérieur. Il consiste en un losange formé de quatre bâtiments de taille basse, construits en bois exotique imputrescible et contenant en son centre un vaste patio doté d'une promenade verdoyante qui permet aux clientes et aux clients de déambuler. John-John s'installe à la table d'un des deux bars extérieurs et commande un armagnac. Près de trois cents chambres sont réparties parmi les quatre étages. La proposition sexuelle est vaste et complète. John-John boit lentement son verre en regardant les gens passer, monter aux étages, en descendre, négocier. *Rome n'aurait pas fait mieux*, pense-t-il. *Dupont a raison, l'humanité passe son temps à tout réinventer*.

John-John n'a pas réussi à joindre GDM depuis son retrait politique, ni Aurora Kraft. Il aurait pourtant aimé connaître leurs intentions concernant l'enquête qu'il mène. Faut-il poursuivre alors que les forces occultes, pour reprendre le terme, ont obtenu ce qu'elles souhaitaient : la déchéance politique de GDM ? Il commande un nouvel armagnac puis, déclenchant la commande vocale de son holosat, entreprend de consulter ses dernières demandes de transmission. Ultramarine a tenté à deux reprises de le contacter. Il en est presque heureux. Il s'apprête à recevoir son hologramme lorsqu'il se rappelle opportunément sa présence en plein cœur d'un *Eros Center*. Il se demande un instant s'il ne va pas laisser tomber son pistage pour la rappeler. Elle est définitivement étrange, mais elle lui plaît résolument. Finalement, il lui transmet un holo-message personnel préenregistré déclarant qu'il n'est pas disponible mais qu'il la recontactera dans les plus brefs délais. Il prend du plaisir à se laisser porter par le souvenir de son visage qui est l'incarnation de la douceur. Elle est belle, son père est Le génie contemporain et sa mère… Et sa mère ? La femme de Gengis Déko-Marcus n'apparaît jamais dans le panorama. John-John réalise qu'à l'occasion de ses recherches sur *Personae*, aucun lien ne l'a jamais aiguillé vers la compagne de GDM, en tout cas, la femme avec laquelle ils ont conçu Ultramarine. Il effectue une nouvelle recherche sur l'application, inscrivant le nom d'Ultramarine Déko-Marcus. À sa grande surprise, aucun lien maternel n'apparaît. On a tellement l'habitude des frasques amoureuses de GDM, de ses déboires judiciaires, de ses séances en cliniques d'abstinence sexuelle, que son histoire avec la mère d'Ultramarine paraît oubliée ou n'avoir jamais existé. Ultramarine semble être née de son père, simplement.

Vers 3 heures du matin, John-John s'apprête à abandonner sa surveillance quand il est alerté par une silhouette qu'il identifie immédiatement. Son corps frémit sous l'excitation. Freddy-Py marche tranquillement dans le patio, les mains dans les poches. Il passe devant John-John, qui porte aussitôt son verre à la bouche, pour se donner une contenance. Il a le temps d'observer l'homme. L'éclairage artificiel accentue les reliefs de ses scarifications. Son visage est traversé de boursouflures et de crevasses. Il lui semble voir Edelstein et ses excès de boostants chimiques. Le Margouillat s'arrête à deux mètres de John-John pour saluer un type petit et velu. John-John n'entend pas leur discussion mais l'interlocuteur lui désigne une chambre au deuxième étage dont la porte est peinte en rose. Aussitôt, Freddy-Py se dirige vers les escaliers et s'engouffre dans la chambre. John-John replonge dans l'attente. Pour patienter, il commande un double café et pour être bien certain d'assurer, il glisse un boostant naturel sous sa langue. Lorsque Freddy-Py redescend une trentaine de minutes plus tard, John-John se lève et entreprend de le suivre. La filature ne dure pas longtemps. Le Margouillat s'arrête cinq cents mètres plus loin au pied d'un immeuble. Il appuie sur une sonnette puis s'engouffre dans le hall d'entrée. John-John court jusqu'à l'immeuble, reprend un rythme lent à l'approche de la porte vitrée et jette un coup d'œil vers le vestibule, mais Freddy-Py a disparu. John-John ne sachant pas si le dealer fait une halte ou bien s'il a atteint sa destination finale, décide d'attendre un peu sur un banc depuis lequel il a une vue en diagonale sur l'entrée du bâtiment. Moins de cinq minutes plus tard, Freddy-Py ressort de l'immeuble, les mains dans les poches, une cigarette à la bouche. Il vient sans doute d'approvisionner un client en revival spray. Il passe sa main sur sa crête, regarde avec méfiance à droite puis à gauche et s'engage dans la rue. Les rues, désertes, laissent retentir les pas du Margouillat sur le sol. John-John redouble de prudence. Il a branché sa caméra bouton et zoomé au maximum. Un décalage d'une centaine de mètres lui permet une filature assez fine. Après une vingtaine de minutes de marche, ils arrivent près d'une coulée verte. Le Margouillat descend la volée de marches pour se retrouver en contrebas. John-John temporise à nouveau pour que l'autre ne suspecte rien. Il ne suit pas le Margouillat dans la coulée et se contente de progresser à couvert, derrière le parapet, en conservant un œil sur Freddy-Py qui avance, plus bas, les mains dans les poches, visiblement détendu et sûr de lui. Quand Freddy-Py, par réflexe, jette un coup d'œil aux alentours, John-John se dissimule derrière la pierre du parapet. Vers l'ancienne porte d'Ivry, le Margouillat s'arrête au pied d'un palmier d'une vingtaine de mètres de hauteur. Il allume une nouvelle cigarette et s'assied sur l'herbe, recrachant la fumée vers le ciel. Il semble attendre quelqu'un. Près de quinze minutes passent et John-John réalise soudain qu'une ombre s'approche de l'arbre. Il zoome au maximum des capacités de l'appareil pour se voir confirmer qu'un homme, dont il ne distingue pas l'apparence, vient de se porter à la hauteur de Freddy-Py. Ils semblent en grande discussion désormais. John-John s'approche pour tenter une prise de son à distance en essayant de ne pas dévoiler sa position. Il lui faut moins de cent cinquante mètres pour parvenir à fixer des sons choisis qu'il déparasite ensuite dans son laboratoire. Il prête l'oreille aux légers grésillements qui lui parviennent puis, en changeant encore d'orientation, il réussit à saisir quelques mots de leur discussion, trop incomplets toutefois pour créer un dialogue intelligible. Il s'approche encore. La conversation semble s'animer, s'il en croit les modulations de voix. Il patiente ainsi quelques minutes, dissimulé par le tronc d'un platane puis, alors qu'il se rapproche encore avec un maximum de précautions en se courbant derrière le parapet, il entend clairement crier. Il se redresse pour distinguer un éclair jailli dans la nuit.

L'instant d'après, il voit le corps de Freddy-Py s'effondrer tandis que l'ombre se penche lentement vers la victime pour lui asséner, après un court instant de sursis, un nouveau coup à l'aide de l'arme blanche. John-John se met aussitôt à courir, en direction de la scène. Le meurtrier pressent qu'on se dirige vers lui, car il se redresse et tourne la tête dans la direction de John-John qui commence à descendre les escaliers menant à la coulée. L'homme se relève, jauge la situation avec un calme étonnant, puis se lance dans un petit trot en regardant derrière lui pour observer la réaction de son poursuivant. Quand il constate que John-John fonce vers lui, il se met à accélérer. John-John l'imite, pique une pointe, court au maximum de ses capacités mais ne peut égaler la foulée ample et régulière de l'inconnu. Il ne faut pas longtemps à John-John pour estimer qu'il ne parviendra pas à le rattraper. Il n'a pas réussi à voir clairement les traits de son visage, mais il est persuadé d'avoir affaire à un homme de type caucasien âgé d'une trentaine d'années. L'assassin emprunte une montée, suivi de près par John-John qui commence pourtant à ressentir de la fatigue. Arrivé près de la station d'approvisionnement électrique, John-John s'arrête en soufflant bruyamment. Cent mètres plus loin, il voit l'homme cesser sa course puis marcher tout en le fixant. John-John n'insiste pas et il transmet son hologramme à la police en signalant l'agression, avant de redescendre dans la coulée verte pour rejoindre Freddy-Py. Ce dernier est dans un sale état. Une blessure au ventre saigne abondamment tandis que son cou, également perforé, laisse apparaître un petit bouillonnement de sang. Le blessé émet un gargouillis et tourne imperceptiblement le visage vers John-John agenouillé à ses côtés.

Sa bouche tente d'émettre un son. John-John, dont les appareils fonctionnent toujours, s'approche encore du corps pour tenter de capter les derniers souffles de vie du Margouillat, tandis qu'il plaque une main énergique sur le cou du mourant pour tenter d'endiguer le petit geyser qui bouillonne. Les yeux exorbités, le teint blanc, le Margouillat articule quelques syllabes avant de laisser échapper un dernier souffle et de s'affaisser complètement. De sa paume droite, tombent quelques petits tubes. John-John en ramasse un qu'il dissimule rapidement dans sa poche.

Un éclair dans les yeux. Il lève le visage vers le parapet et distingue cinq faisceaux de lumière dirigés vers lui.

XXV

Chrysostome secoue l'épaule de Jean-Moktar qui vient de s'assoupir sur son siège, les pieds calés sur le radiateur.

— Au boulot Mahmouti. Ramirez vient de battre le rappel.

Ils descendent en courant les escaliers qui mènent au parking et sautent sur leurs gyropodes. Avec des pointes de vitesse à près de quatre-vingts kilomètres-heure, il leur faut moins de vingt-cinq minutes pour atteindre Saint-Gilles. Les unités locales se trouvent déjà sur place. Au total, une trentaine de véhicules en tous genres stationnent de manière anarchique. Ramirez fixe l'entrée de la porte Est du campement de la Corne Rouge, Irving à ses côtés. Une odeur pestilentielle arrive en vagues à leurs narines. Des montagnes d'ordures ont été déversées depuis l'enceinte ceinturant la Corne Rouge. Des masques sont distribués aux policiers.

— Quelle poisse ! peste le contrôleur général en voyant arriver le binôme 115. Karkowitch est là-bas, dit-il en désignant le campement.

— Que fiche-t-elle dans le campement ? demande Chrysostome.

Irving Capel toussote brièvement pour s'éclaircir la voix.

— Nous avons levé Freddy-Py grâce à l'information d'un indicateur qui s'approvisionne auprès de lui en boostants chimiques.

— Sans en parler au reste de l'équipe ? enrage Chrysostome.

— Vous avez contrevenu aux ordres, ainsi qu'aux règles de sécurité les plus élémentaires en ne transmettant pas ces informations cruciales. Je réglerai ça plus tard. La priorité est de la récupérer, de préférence vivante.

— Brenda Karkowitch s'est fait passer pour une acheteuse de revival spray, continue Irving.

— Je croyais que plus personne n'achetait ce genre de saloperies, dit Mahmouti.

— Depuis quelques semaines, un nouveau produit est arrivé moins nocif que les précédents, selon notre laboratoire d'analyses. Il est actuellement testé par les revendeurs dans la zone sud-est. S'il ne fait pas trop de dégâts, il sera proposé dans tout le pays. Brenda y est donc allée. Là, il s'est passé un truc étrange, à l'heure du rendez-vous, le Margouillat se trouvait déjà en compagnie d'un autre type. On n'a pas pu le capter, il était trop loin et il avait rabattu la capuche de son sweat sur la tête. Quand Brenda s'est portée à sa hauteur, le type a détalé comme un lapin. Par réflexe, Freddy-Py a décampé à son tour. Par la suite, il a envoyé un intermédiaire à Brenda et lui a fait dire que la transaction se tiendrait dans un bar de la Corne Rouge. Pour ne pas se défausser, elle a accepté comme l'aurait fait n'importe quel client pressé de conclure.

— Irresponsable ! se lamente Ramirez.

— Elle l'aurait suivi dans le camp en dépit des règles qu'on nous assène depuis toujours ? interroge Chrysostome.

— Bien sûr que non, s'offusque Irving. Le Margouillat ne peut que l'avoir enlevée.

— Quel intérêt à ça ?

Le technicien hausse les épaules. Quelque chose sonne faux dans ses propos.

— Bref, intervient Ramirez, il faut monter une opération.

Les opérations de sécurité dans la Corne Rouge sont rares. La dernière en date a eu pour but d'extraire les membres d'un gang à l'origine de la mort d'un policier. Il arrive que des équipes de CRS, en appui des binômes de la PJ, mènent des opérations dans la Corne Rouge dans le cadre d'une enquête, mais avec une préparation et des précautions maximales, car la population du ghetto ne tolère aucune présence policière. Pour autant, il faut bien récupérer les fuyards qui profitent du système clos de la Corne Rouge. Certains y sont planqués depuis des années.

— Ça ne sent pas bon, avance Chrysostome. Freddy-Py n'aurait jamais donné un rendez-vous dans la Corne-Rouge. Il a voulu la piéger quand il a appris qu'elle était flic, ça ne fait pas de doutes. Comment comptez-vous procéder ? demande-t-il au contrôleur général.

— Nous n'avons plus aucun contact avec elle. J'attends des renforts que je concentrerai devant la porte Nord pour faire diversion et montrer aux caïds que quelque chose est en préparation. Par ailleurs, j'ai demandé à ce qu'un drone prenne position au-dessus du camp.

Il tapote la table, semble être là et ailleurs. La poisse totale ! doit-il penser. Un flic englouti par la Corne Rouge, c'est une avalanche d'emmerdes en perspective.

— Nous allons entamer une période de négociation. En cas d'échec, je demanderai l'emploi d'une division complète pour investir les lieux. Mais nous n'en sommes pas là.

Petit à petit, les équipages de binômes arrivent à la porte Nord. Un poste de commandement opérationnel a été monté rapidement, consistant en une grande tente carrée. Ramirez et ses enquêteurs s'y installent autour d'une table. Un plan de la Corne Rouge en trois dimensions est projeté sur la toile. Ramirez, à l'aide de son stick, commence son exposé :

— Si la phase de négociation s'avère stérile, nous entrerons dans la Corne Rouge. Je veux que chacun d'entre vous maîtrise la configuration des lieux. L'accès au campement se fait par deux voies : les portes Sud et Nord. Si l'on y ajoute les entrées dissimulées ainsi que les passages souterrains, on peut estimer que la Corne Rouge est accessible par au moins une dizaine de points différents.

L'un après l'autre, il désigne les possibles entrées du campement.

— La dernière cartographie que nous ayons de la Corne Rouge est plutôt précise, car elle est mise à jour très régulièrement par les systèmes satellitaires. Malheureusement, Karkowitch a désactivé son téléphone et par ailleurs, son holosat a été localisé sur une butte d'ordures en dehors du camp, sans doute jeté par son ravisseur. Nous devons donc agir avec du renseignement humain. Le point positif est que nous avons un nom, celui de Freddy-Py, dont vous aurez connaissance du curriculum vitae dans un instant. Je mettrai deux équipes sur ses traces, car je pense que ses affaires nécessitent qu'il effectue des allers et retours entre la métropole et la Corne Rouge.

Tandis qu'il déploie son plan, Chrysostome s'approche d'Irving Capel.

— Pourquoi est-ce que tu as raconté toutes ces salades à Ramirez ?

— C'est-à-dire ?

— Tu sais très bien que Brenda est allée de son plein gré dans la Corne Rouge. Qu'elle ait été ensuite séquestrée par Freddy-Py, je n'en doute pas, mais pour le reste, elle a encore joué les super-héroïnes, non ?

— Si Brenda arrive à sortir vivante de la Corne Rouge et qu'on apprend qu'elle s'y est rendue en dépit des règles de sécurité, tu sais très bien qu'elle perdra son contrat. Si de surcroît, elle est blessée, handicapée, infirme, son assurance sautera. Voilà pourquoi j'ai baratiné le contrôleur général. Mahmouti en aurait fait autant pour toi…

Une explosion soudaine retentit au-dessus de la Corne Rouge. Tous les policiers lèvent les yeux au ciel pour voir le drone qui passait au-dessus du campement descendre en flèche, visiblement abattu par un projectile :

— Comment a-t-on pu en arriver là, soupire Ramirez, la main sur le front, en retournant sous la tente.

XXVI

Oméga dépose son kriss sur l'évier de la cuisine, saisit une éponge et le nettoie consciencieusement. Un indéfinissable sentiment d'angoisse inhabituel sourde en lui. Il a horreur que les choses lui échappent. En général, quand cela arrive, il sait comment régler le problème de manière définitive afin de retrouver l'apaisement. Mais cette fois-ci, il lui semble que quelque chose cloche véritablement. A-t-il commis une faute ou bien est-il tombé sur beaucoup plus fort que lui ? Il ne peut admettre aucune des deux hypothèses. Il a dû fuir devant l'ennemi et cela le désole. Il aurait pu se retourner et attendre son poursuivant pour se mesurer à lui. Il l'aurait probablement emporté. Mais il ne fonctionne pas comme ça. Il faut que tout soit organisé et prévu, il a horreur du désordre. Sans discipline, ni plan, il n'est qu'un pauvre type, un de ces losers qu'il abhorre du plus profond de son âme. Il tente de forcer les capacités de son cerveau, analysant la situation sous tous ses angles. Qui peut bien fourrer son nez dans les affaires de Freddy-Py ? Comment les flics ont-ils pu se retrouver sur ses traces ?

Et ce type courant après lui dans la coulée verte était-il vraiment un policier ou bien un putain de pote du Margouillat ? En tout cas, il est bien content d'avoir définitivement réglé le cas de ce petit fumier de Freddy-Py. Il faut toujours se débarrasser des fardeaux. À présent, il doit absolument rendre compte à Alpha des derniers événements survenus, mais il a interdiction de le contacter. Il ne va certainement pas enfreindre les consignes. À ses pieds, Terence émet une plainte et se frotte à sa jambe. Oméga le caresse machinalement puis se dirige vers le placard dans l'entrée de l'appartement, provoquant des jappements d'espoir. Quand il saisit au clou la laisse de Terence, le schnauzer n'y tenant plus, commence à sauter dans l'appartement, griffant le sol de ses pattes. Il attrape violemment le chien par le collet, enserre la gueule de l'animal entre ses deux mains et le fixe avec un regard mauvais. L'animal cesse aussitôt ses jappements et se contente de couiner. Faut-il demander à Alpha la permission de prendre le large ? Il a créé les conditions du chaos ainsi que le lui a demandé Alpha. Il faut désormais mettre un peu de distance entre lui et la métropole. D'un autre côté, il aime tellement l'action...

XXVII

John-John attend dans la salle de garde à vue de la police judiciaire qu'un enquêteur soit enfin disponible pour l'interrogatoire. Jusqu'à présent, les policiers qu'il a rencontrés ont semblé croire à son histoire, mais il se méfie des réflexes bureaucratiques qui mènent parfois à la quatrième dimension administrative. John-John a été sommairement fouillé, mais on n'a pas retrouvé l'arme du crime sur lui. Et puis, sa qualité de pisteur et sa réputation ont facilité les choses. Enfin, il a tout de même dû subir une reconnaissance faciale, on lui a enserré le poignet à l'aide d'une menotte de géolocalisation et son holosat a été neutralisé. John-John a toutefois réussi à soustraire à l'agent fouilleur le petit tube trouvé près du corps de Freddy-Py en le camouflant entre deux doigts. Il le sort de sa poche pour l'observer avec attention, prenant garde à ce que les caméras de surveillance ne détectent pas la signification de ses gestes. Il s'agit d'un spray démarqué, de la taille d'un échantillon de parfum. Il ne met pas longtemps à comprendre qu'il s'agit d'un vaporisateur de drogue. Ne sachant à quelle famille de stupéfiants il appartient, il ne le teste pas et le remet dans sa poche. Il discerne les silhouettes des forces de sécurité qui passent derrière les rideaux des baies vitrées entourant la salle de détention. Il règne une grande animation dans les locaux de la PJ. Deux meurtres à quelques jours d'intervalle, c'est Byzance pour un service judiciaire. John-John souffle de dépit.

Sa seule piste vient-elle de se fermer dans la coulée verte ? Freddy-Py a-t-il été tué pour une affaire de drogue ou bien son meurtre est-il lié à GDM, comme peut-être celui d'Iso-Yellow ? Instinctivement, il pose la main sur son bouton caméra, pour s'assurer qu'il tient toujours à sa veste. Il a hâte d'en découvrir le film. Il n'a aucune intention d'en révéler l'existence aux policiers. Et puis GDM le paye pour les informations que John-John lui apporte, pas pour lire les résultats de ses exploits dans la presse. Finalement, il s'endort et est réveillé par le coulissement d'une porte. Il ouvre les yeux pour réaliser que deux hommes se tiennent debout à ses côtés.

— Lieutenant Chrysostome, dit le premier. Je vous présente le technicien Mahmouti.

— Quelle heure est-il ? demande John-John en revenant doucement à lui.

— Six heures. Un café ?

Séquoïa acquiesce d'un mouvement de tête.

— J'ai du mal à comprendre pourquoi je suis encore ici à la PJ, alors que j'ai été témoin d'un meurtre, que je me suis lancé à la poursuite de l'assassin et que j'ai appelé le central, dès que j'ai pu, pour signaler l'agression.

Chrysostome arpente la pièce en regardant l'activité de ses collègues de l'autre côté des vitres.

— Je ne vais pas tarder à vous rendre votre liberté. Auparavant, j'ai quelques questions à vous poser. En premier lieu, je tiens à vous remercier pour le civisme dont vous avez fait preuve. En général, les gens préfèrent se voir infliger une amende plutôt qu'un coup de couteau. Votre mérite n'en est que plus appréciable.

Le lieutenant se fiche de lui, à n'en pas douter.

— Je préférerais que vous alliez au but et que nous en terminions rapidement, rétorque John-John sans sourciller.

Chrysostome ouvre la porte et engage John-John à sortir, suivi de Mahmouti. Ils se rendent dans leur bureau. Chrysostome invite John-John à prendre place sur un divan, tandis que les policiers s'installent sur leur siège respectif.

— Bon, commence Chrysostome, faisons cela dans les formes. Je ne vous cache pas qu'un critère d'urgence va diriger cet entretien. Puisque vous êtes, en votre qualité de pisteur, soumis à la confidentialité, je vais vous délivrer quelques informations.

Nous étions, il y a dix minutes encore, face au campement de la Corne Rouge. Une de nos collègues, Brenda Karkowitch, y est retenue et les pourparlers avec les caïds qui tiennent le campement sont au point mort. Lorsque l'alerte a été diffusée sur le réseau après le meurtre de la coulée verte cette nuit, et que l'identité de l'homme nous a été communiquée, nous sommes revenus aussi vite que possible à la PJ. Car cet homme, Freddy-Py, est le même qui a enlevé notre collègue.

Chrysostome marque un temps d'arrêt, tandis que Mahmouti tapote sur l'accoudoir de son siège en observant John-John.

— John-John Séquoïa, que faisiez-vous à 3 h 30 ce matin dans la coulée verte à la limite de Vezin-le-Coquet ?

John-John, surpris par le ton offensif, invente un sourire de défense.

— Le temps est compté, insiste Chrysostome. Vous connaissez la réputation de la Corne Rouge. Les flics qui s'y font prendre ressortent hachés menu.

— Mon client, Gengis Déko-Markus, m'a demandé d'identifier l'origine des attaques qui le visent depuis près de six mois. Un des initiateurs de ces actions, Gary Edelstein, que j'ai retrouvé dans un phalanstère végétalien au cœur des monts d'Arrée, m'a avoué être revenu clandestinement dans la métropole il y a quelques mois, en dépit de l'interdiction qui le frappe, pour s'approvisionner en drogues auprès de Freddy-Py. Ce dernier, connaissant l'expérience terroriste d'Edelstein, lui a proposé, moyennant finances, de s'attaquer aux intérêts de GDM. Edelstein ne m'a pas donné le détail des actions qu'il a commises. Je me suis donc lancé sur la piste de Freddy-Py en identifiant les lieux de ses habitudes. Je l'ai retrouvé, puis l'ai suivi pour le voir se faire tuer dans la coulée verte ce matin. Voilà.

Chrysostome hoche doucement la tête jaugeant la qualité et l'intérêt des informations que vient de lui communiquer John-John.

— Décrivez-moi la scène à laquelle vous avez assisté.

— Arrivé dans la coulée verte, Freddy-Py s'est assis au pied du palmier des amoureux. Il a patienté quelques instants avant que son rendez-vous n'arrive. Très rapidement, les deux ont eu une discussion que je qualifierai d'animée. Je me trouvais trop loin pour en saisir le sens. Puis, très peu de temps après, sans que j'aie eu le temps d'intervenir, l'inconnu a sorti une arme blanche, du genre sabre ou épée, et a frappé Freddy-Py par deux fois. C'est là que je suis entré en scène et que j'ai pénétré dans la coulée verte pour me lancer à la poursuite de l'assassin.

— À quoi ressemblait l'agresseur ?

— Compte tenu de l'allure générale, j'avais affaire à un homme d'une trentaine d'années, doté d'une forme physique irréprochable. Il portait un sweat-shirt avec capuche qui lui dissimulait entièrement le visage. Ce qui m'a véritablement frappé, c'est son comportement. Une assurance à toute épreuve. Il ne courait pas à fond lorsque je le poursuivais, comme pour me permettre de le rattraper pour mieux me lâcher ensuite. Il n'avait pas le comportement normal d'un délinquant. Il semblait jouer, me narguer, comme si son but ultime était la provocation. En résumé, il m'a fait une impression étrange.

— C'est à lui que j'ai eu affaire au funérarium, lâche Chrysostome à l'attention de Mahmouti. Cet homme pourrait être un témoin lié à la mort de Madeleine Magnificat.

— La journaliste ?

— Il était présent à ses funérailles. Il m'a échappé ce jour-là. Je serais curieux de connaître le lien qui unit notre inconnu à Freddy-Py.

— Peut-être que les tubes près du corps de…

— Il s'agit de la deuxième génération de revival spray, une drogue qui a fait des dégâts considérables dans sa première version. Freddy-Py en était le revendeur pour les caïds de la Corne Rouge dans la zone sud-est.

— C'est également cette drogue que prend Edelstein, sans doute dans sa première version, si j'en juge sa condition physique. Vous pensez que Freddy-Py essayait d'en refourguer à son assassin hier soir ?

— Je ne crois pas, non.

— Avec le recul, je me demande pourquoi il n'a pas cherché le contact avec moi, s'interroge John-John. Après tout, je constituais un témoin gênant. Il aurait pu vouloir me supprimer et, compte tenu de sa forme physique, il avait des chances de l'emporter.

— Il doit suivre un plan précis et ne peut se permettre d'en dévier. Un psychorigide qui ne fonctionne qu'avec des règles strictes, avance Mahmouti.

— Même un psychorigide du crime, quand il est question de sa survie, peut faire des entorses à ses principes.

— Quel a été le parcours de la filature du Margouillat ? questionne Chrysostome.

— D'après mes recherches, il fréquentait assidûment un bar oriental, *L'Étoile de Fès*, ainsi que l'*Éros Center*. C'est là-bas que je l'ai levé. Il y a passé un moment dans une chambre avant de se rendre à son rendez-vous dans la coulée verte. J'oubliais, il est resté cinq minutes dans un immeuble du boulevard Simon.

Chrysostome pose encore quelques questions à John-John sur la soirée de la veille puis il s'apprête à le laisser libre quand il se lève brusquement pour se poster devant John-John dans une attitude déterminée.

— Avant de partir, je vous demanderai de bien vouloir me donner tous les appareils de captation en votre possession.

John-John ne prend pas la peine de jouer la surprise. Il sait que le lieutenant sait.

— Vous savez que la réglementation m'autorise à jouer la montre. Si je veux, je peux attendre que mon avocat vous ait autorisé la saisie et le visionnage.

— Que souhaitez-vous en échange ? demande Chrysostome.

John-John s'extrait de son fauteuil pour être à niveau.

— Je veux voir le résultat de mes prises de vue avec vous.

Chrysostome transmet la demande à Ramirez qui accepte immédiatement.

John-John déclipse son bouton caméra, en sort une puce qu'il remet à Mahmouti. Ce dernier l'insère dans le central informatique et projette le film sur le mur. Tous trois mettent quelques secondes à déterminer qui parle, puis ils réussissent à différencier les deux voix en se référant au ton plus monocorde de l'inconnu.

— Qu'est-ce que tu foutais avec la flic ? commence l'inconnu de la coulée verte.

— Ben, je me suis dit qu'avec un cul pareil, je pourrais la faire bosser un peu. J'ai commencé à lui donner des boostants chimiques. Un peu de revival spray première génération pour la détendre et puis des pilules qui marchent assez bien sur les putes. Elle n'a pas trop apprécié la première fois, mais elle y prendra goût. Je vais faire un peu de yoyo avec elle, ça m'éclate…

Un bruit claque dans la nuit, interrompant le délire de Freddy-Py. Visiblement, l'autre vient de lui coller une gifle magistrale.

— Où l'as-tu planquée ?

— Oh, mec, pourquoi tu me frappes ! C'est pas réglo. C'est une prise de guerre, elle est à moi à présent.

— Elle m'a vu avec toi. Tu as réussi à la mettre sur ma piste, espèce de clown !

— C'est toi qui es arrivé en avance au rendez-vous. J'ignorais que tu allais la croiser. Et puis je savais pas que c'était une putain de flic, merde !

— T'arrives toujours pas à les renifler à ton âge, espèce de cave. Où est-elle ?

En posant cette question, Chrysostome et John-John voient l'inconnu lever son bras en arrière, sortir une arme qu'il porte dans le dos, la faire jaillir au-dessus de lui et porter le premier coup à Freddy-Py.

— Tu veux vivre encore un peu ? Où est-elle ?

— T'es fou mec ! bredouille le Margouillat.

Freddy-Py parle désormais avec difficulté.

— Elle est dans la Corne Rouge chez mon caïd et…

— Quel est le nom de ton caïd ?

Freddy-Py lève faiblement la main, soupire avant que l'homme ne lui enfonce son kriss dans le cou. Puis le meurtrier se relève et tourne le visage vers John-John qui arrive en courant. Les trois spectateurs vivent ensuite la course-poursuite chaotique jusqu'à la station d'approvisionnement électrique.

— C'est le type du funérarium, cela ne fait aucun doute, déclare Chrysostome. Cette attitude bravache. Il doit se considérer comme le maître du monde.

Le passage où John-John tente de soutirer quelques mots au Margouillat expirant s'avère crucial. Séquoïa demande à Mahmouti de zoomer sur les lèvres de Freddy-Py et d'affiner le son. Ce dernier tente tous les réglages possibles sans parvenir à tirer la moindre parole du mourant.

— On ne trouvera pas un spécialiste de la lecture labiale à cette heure-ci. Et puis à cette distance et dans cette obscurité, je ne suis même pas sûr qu'il pourrait nous être utile.

Mahmouti sort précipitamment de la salle pour revenir avec un collègue du binôme 27, connu pour être un technicien du son hors pair.

— Coup de bol, il est de permanence jusqu'à 7 heures, s'enthousiasme Mahmouti.

— Tu peux faire quelque chose, lui demande Chrysostome en désignant l'arrêt sur image montrant Freddy-Py ?

— J'ai bien un truc qui pourrait vous aider, répond le collègue en souriant mais ça n'est pas trop réglo.

— Arrête ton cinéma, lui lance Chrysostome.

Le technicien retourne dans son bureau et revient avec une pastille jaune qu'il insère dans le central informatique. Il lance l'application, incorpore le film de John-John et demande vocalement la transcription.

— Honnêtement n'en parlez à personne, je risque ma place. Vous savez combien ils sont intransigeants avec les logiciels prohibés, surtout ceux qui touchent à la vie privée.

Quelques secondes plus tard, par la grâce des nouvelles technologies, Freddy le Margouillat, parle malgré sa perforation dans la gorge.

— Le Bres... tois…

— Le Brestois ? C'est quoi encore ? Le nom de son caïd de la Corne Rouge ?

— Aucune idée. Bon, on sait ce qu'il nous reste à faire, déclare Chrysostome.

John-John est autorisé à quitter la PJ. Il hésite un instant à leur révéler qu'il a aperçu Iso-Yellow dans la voiture de GDM, mais il préfère taire l'information. Après tout, il ne va pas se cogner tout le boulot à leur place.

XXVIII

La pression mise par le chef de brigade de la PJ sur la procureure de la République, conjuguée à la démission de GDM, semble porter ses fruits. Ramirez est autorisé à convoquer le magnat pour un interrogatoire. Il transmet aussitôt son hologramme au secrétariat de l'ancien chef de l'exécutif métropolitain pour l'avertir qu'il compte entendre GDM dans les plus brefs délais. La secrétaire lui répond que le président a quitté son bureau de la métropole et qu'il faut désormais contacter l'organisation du groupe *UbiKus* pour le joindre. De contact en contact, Ramirez apprend que personne ne sait précisément où GDM a bien pu passer. Il a disparu sitôt son intervention terminée devant la presse.

Ramirez confie le cas GDM au binôme 38 et décide de concentrer l'activité du service sur Brenda Karkowitch. Le plus haut niveau de l'autorité politique s'oppose farouchement à une intervention massive des forces de sécurité et ordonne l'utilisation de méthodes dites douces, c'est-à-dire sans conséquences en matière de publicité. « Feutré, feutré ! », lui a-t-on intimé. Seule concession à lui être accordée, il garde la main sur l'opération. En fin de matinée, il rappelle quand même le conseiller de la ministre pour exiger le prépositionnement dans leur caserne de deux unités anti-émeutes, au cas où. Térébenthine M'Ba a recueilli des milliers de notes et d'articles de presse sur le campement depuis sa naissance à la fin des années dix jusqu'à aujourd'hui qu'elle doit désormais synthétiser. Une équipe est chargée de dessiner la carte opérationnelle du camp avec tous ses aménagements successifs depuis son origine. Toutes les galeries, les passages souterrains, aériens et terrestres passés et présents sont également recensés. Deux autres binômes sont chargés, en lien avec les services de renseignement, de classer tous les gangs identifiés depuis les trois dernières années et d'établir une balance des forces en présence. Ramirez veut savoir s'il peut jouer sur d'éventuelles dissensions. Enfin, il dispose, aux deux entrées officielles de la Corne Rouge, des effectifs chargés de la fouille des entrants et sortants afin de créer une pression sur les caïds.

— Avez-vous des éléments à nous communiquer ? demande Ramirez au chef du service de renseignement qu'il a associé à la réunion qui débute.

— Nous disposons de sources à l'intérieur de la Corne Rouge. Elles sont en cours de déploiement pour rapporter de l'information. Pas de retour pour le moment.

— A-t-on envoyé un nouveau drone ?

— Il sera là dans une vingtaine de minutes.

Après de longs échanges au cours desquels toutes les possibilités sont évoquées, les policiers conviennent que la solution la moins mauvaise consisterait à faire pénétrer quelques éléments camouflés dans le campement. Finalement, c'est Chrysostome qui apporte la solution sur un plateau. Après son entretien avec John-John Séquoïa, il a extrait sa fiche biographique et a été impressionné par les états de service du pisteur. Un épisode a plus particulièrement suscité son intérêt. Quelques années auparavant, John-John a pisté un informaticien mercenaire serbe de haut vol dans la Corne Rouge. Le malfrat avait provoqué la faillite d'une compagnie d'assurances entraînant des dizaines de fermetures d'entreprises suivies de licenciements massifs. Le Serbe avait disparu de la circulation depuis deux ans quand John-John l'avait retrouvé planqué dans la Corne Rouge. La loi interne du campement l'avait jusque-là protégé mais l'appât du gain avait permis à John-John de trouver un indicateur suffisamment téméraire. Avec son équipe, il avait extrait le Serbe en six heures. L'exploit de John-John date de quelques années et la configuration du terrain a changé depuis, mais Chrysostome propose à Ramirez de tenter cette carte.

***

John-John ne parvient plus à entrer en contact avec GDM ni avec Aurora Kraft qui se trouvent aux abonnés absents. Ce que redoutait GDM a eu lieu, mais John-John estime que la nature de sa mission n'a guère changé. Après tout, l'ex-président de la métropole doit vouloir savoir qui se trouve à l'origine de sa chute politique. Contre toute attente, une transmission d'Ultramarine apparaît sur son holosat. Comme à son habitude, elle enfreint les règles de bonne conduite et fait irruption près de lui, dès qu'il accepte la communication. Il a juste eu le temps de poser un sarong autour de ses hanches. Ultramarine fait quelques pas dans le salon, portée par une paire de talons vertigineux, ses longs cheveux blonds épars sur ses épaules, posant des regards à demi curieux sur l'environnement de John-John.

Elle s'attarde devant une toile de Pedro Noos représentant une tour d'habitation qui s'affaisse dans un nuage de poussière et de débris. Elle se tourne vers John-John et le fixe longuement de son regard sans fin.

— Je vous ai fait parvenir le reliquat de vos émoluments. À présent, ne vous préoccupez plus du groupe *UbiKus*.

Elle dit cela sans le regarder.

— Je suis désolé, mais comme je vous l'ai déjà dit, je ne prends mes ordres qu'auprès de votre père.

— Ne parlez plus de lui ! Désormais, *UbiKus*, c'est moi ! dit-elle en martelant chaque mot. Mon père n'est plus rien. Il s'est envolé pour notre propriété en Mayenne. Il y digérera sa décision. Il a fermé tous ses moyens de communication. Tout passe désormais exclusivement par moi. Je vous répète que le contrat qui vous lie à mon groupe est désormais caduque.

Elle abandonne brutalement la liaison et disparaît du salon de John-John en un clin d'œil. Pendant un laps de temps très court, il a l'impression qu'elle flotte encore devant ses yeux. Il revient à la réalité quand son holosat émet à nouveau. Ce n'est pas Ultramarine mais Chrysostome qui apparaît.

— Lieutenant.

— Je vais faire bref, car le temps n'est pas notre ami. Nous avons besoin de votre aide pour récupérer le lieutenant Karkowitch.

— À quel titre ?

— Je me suis renseigné. Vous avez réussi une extraction depuis la Corne Rouge. Nous voudrions nous appuyer sur votre expérience.

John-John fait fonctionner ces neurones à toute vitesse. Ce que lui propose la PJ n'est ni plus ni moins qu'une petite roulette russe.

— À quoi servent vos sections spéciales ou ce genre d'unités que le contribuable paie grassement ?

— Il faut faire léger et discret. On ne veut pas d'un embrasement qui signifierait à coup sûr la mort de Karkowitch et celle de nombreux éléments des services.

— Vous préférez donc envoyer un brave citoyen au casse-pipe.

— Vous serez très bien rémunéré. L'État dispose encore de moyens conséquents pour ses opérations un peu… Comment dire ?

— Tordues ?

— En quelque sorte. Vous pouvez dire non.

— Je me doute.

Séquoïa n'a pas gardé de bons souvenirs de son expédition au cœur de la Corne Rouge. Certes, il a rempli sa mission et récupéré sa cible, mais cela n'a pas été une sinécure.

— Alors ? insiste le lieutenant.

— Je ne suis pas sûr de vous être utile, j'ai pénétré dans la Corne Rouge il y a déjà très longtemps. La configuration a évolué, le campement a gagné plusieurs milliers d'habitants…

— Ne vous en faites pas pour ça. Nous avons remis à jour les plans du campement et nous connaissons le territoire de chaque clan. Avez-vous des contacts à l'intérieur ?

— Personne. Bon j'arrive.

***

Trente minutes plus tard, il se trouve sous la tente avec l'équipe de la PJ.

— Merci de votre coopération, commence Ramirez. Voici la situation. Le campement est dominé depuis plus d'un an par un caïd nommé Abdouchasmarov. Ce n'est pas un tendre, il a toujours quelque chose à prouver. L'éventualité qu'il se place en adversaire jusqu'au-boutiste n'est pas à exclure. Cela irait contre les intérêts économiques de la Corne Rouge qui apprécie le calme propice aux affaires, mais cette politique de la tension peut également servir son ambition. C'est le plus déterminé, souvent le plus cruel qui est désigné caïd des caïds. Comme il l'a été décidé au plus haut niveau, il y a longtemps déjà, la police ne met plus les pieds dans la Corne Rouge qui constitue une espèce de pis-aller sur lequel nos politiques ferment les yeux. Chrysostome m'a dit que vous aviez réussi une extraction il y a quelques années ?

John-John opine du chef en guise de réponse.

— Bon, votre sentiment sur la situation ?

John-John s'approche du plan en trois dimensions.

— Il y a deux moyens de pénétrer dans la Corne Rouge. Par les portes d'entrée ou bien par les passages réservés. J'écarte d'emblée la seconde solution qui n'est pas forcément plus risquée mais qui m'apparaît trop aléatoire. Les passages doivent être piégés et ultra-surveillés, certains sont condamnés temporairement et on ne sait jamais lesquels. En réalité, avant d'avoir pénétré dans le campement, j'en connaissais déjà parfaitement l'organisation. Pour mémoire, lorsque la Corne Rouge a vu le jour il y a trente ans, elle était peuplée d'une centaine de *Roma*, auxquels sont venus s'agréger des Hongrois, gitans français originaires de Hongrie. Au fil des années, la communauté a grandi et s'est étoffée, incorporant d'autres peuples itinérants. Progressivement, tous les laissés-pour-compte de la métropole, ceux qui venaient s'échouer à ses portes, finissaient à la Corne Rouge.

On les a délogés une fois, dix fois, leur camp a brûlé à plusieurs reprises, mais toujours il a été reconstruit et repeuplé. En trente ans, la Corne Rouge a grossi, s'est étendue. Le bidonville du début, fait de débris de caravanes, de tôle et de bois s'est transformé. La brique, la chaux et le bambou sont apparus. Les habitations se sont élevées; deux, trois, puis quatre étages dont on ne sait toujours pas par quel miracle ils arrivent à tenir debout. Petit à petit, des balcons, des terrasses, des commerces ont fait leur apparition. Puis la Corne s'est fortifiée, sans que personne ne voie rien venir. Plus de trente-cinq mille résidents il y a dix ans, combien aujourd'hui? Une seule règle y est respectée. Une fois parrainé, le nouvel entrant ne peut plus être inquiété par un élément extérieur, par contre il subit la loi de la Corne. Évidemment, vous savez comme moi que les vols, les viols et les meurtres n'ont pas été éradiqués et forment le quotidien de votre action dans la métropole. Mais sans la Corne Rouge, que serait ce quotidien? Vous avez la réponse. Nous assisterions à un déferlement ininterrompu de violences. L'équilibre est donc précaire et profite aux deux parties. À présent, dit-il en se tournant vers Ramirez, je vais répondre à votre question initiale, à l'aune de ce que je sais encore du fonctionnement de la Corne Rouge. Qui peut entrer et sortir à sa guise de la Corne Rouge? Les forces de sécurité, les assistants sociaux, les pompiers, les médecins, toutes les corporations, les unes après les autres, ont été désignées *persona non grata* dans le campement. Vous en connaissez les raisons. Donc, qui peut encore y mettre un pied sans se faire canarder? Souvenez-vous du dernier incendie. Un quart de la Corne avait flambé comme un fétu de paille parce que les résidents avaient laissé s'accumuler une montagne de détritus qui a pris feu un jour de canicule ou de délire collectif, on ne sait plus. Lors de la négociation qui a succédé à ce drame, les pouvoirs publics et le conseil des caïds de la Corne Rouge ont conclu un *gentleman agreement*, le seul en vigueur entre les deux parties : la Corne Rouge a droit à un enlèvement hebdomadaire des déchets produits dans l'enceinte. Donc…

Du regard, John-John effectue un tour de table.

— Donc, les seules personnes autorisées à pénétrer sans contrainte dans le campement sont les éboueurs de la *Coginet*.

— Pas de chance, ils sont en grève depuis deux semaines.

— Il est à parier que les grévistes de la *Coginet* ne tarderont pas à reprendre leur activité, maintenant que Déko-Marcus n'est plus aux affaires, insinue Séquoïa. Dans le cas contraire, il vous suffira d'annoncer la fin de la grève, de réquisitionner les véhicules et de lancer l'opération.

Ernesto Ramirez sonde du regard l'ensemble de ses collaborateurs avant de formuler son avis.

— Je ne sais pas si l'idée est bonne, mais je n'en vois pas d'autre, finit-il par concéder.

Il se lève, signifiant ainsi la fin de la réunion.

John-John et Chrysostome établissent leur plan avec minutie et le font valider par Ramirez. Le succès de l'opération réside dans la rapidité d'exécution. Le plus difficile est de localiser Brenda Karkowitch. Pour cela, John-John met en branle son réseau mais ne parvient pas à savoir où la lieutenante est retenue. Pour autant, il apprend que Freddy-Py, quand il se rendait dans la Corne Rouge, passait de longues heures aux bains turcs où il traitait l'essentiel de ses affaires. Freddy-Py ne possédait pas de pied-à-terre dans le campement et logeait parfois chez son intermédiaire près de la grande salle de réunion du Caïdat. Le contact est identifié sous le nom de Steigerhout.

Chacun mémorise son visage que Térébenthine M'Ba vient de leur transmettre.

Puis les événements s'accélèrent. Les caïds ont demandé à la présidence intérimaire de la métropole de faire parvenir au plus tôt un convoi de la *Coginet*.

Ramirez est tenté de changer de plan. Négocier le retour de Karkowitch contre l'enlèvement des ordures. Mais il abandonne cette idée par crainte de voir la situation se durcir et devenir incontrôlable. Il décide donc d'alléger le dispositif autour de la Corne Rouge, mais il demande que les unités anti-émeute, stationnées dans la caserne Est, soient acheminées dans l'hypothèse où l'opération tournerait au fiasco.

Le lendemain, à l'aube, un cortège formé d'une trentaine de camions bennes, de camions citernes et de tractopelles s'ébranle depuis le nord de la métropole en direction de la Corne Rouge. Au total, près de quatre-vingt-dix agents de nettoyage composent l'équipe chargée de réparer les dégâts. Séquoïa et Chrysostome ont chacun trouvé place dans un véhicule à eau dont la conduite est assurée par un employé de la *Coginet*. Ils doivent, après le passage des ramasseurs de déchets, nettoyer les rues à grands jets d'eau mêlée de produit antibactérien. Ils pénètrent dans le sas de l'entrée sud où les hommes de main du caïd Abdouchasmarov procèdent aux fouilles, avant de laisser passer le convoi. Chaque véhicule se voit tout de même flanqué d'un accompagnateur armé. La Corne Rouge a littéralement tout d'un dépotoir. Malgré les objurgations du caïdat, les résidents n'ont jeté qu'une infime partie de leur production de rebuts par-dessus l'enceinte, le reste ayant été abandonné au pied des habitations.

Les voies sont étroites, à l'exception de la rue principale qui s'étire sur plus d'un kilomètre. La stratégie des éboueurs consiste à repousser, depuis les rues perpendiculaires vers l'artère principale, les amas de détritus dirigés ensuite vers les sorties par des tractopelles. Toute la population de la Corne Rouge se trouve au spectacle. À l'approche des bains turcs, dans une ruelle qui ne permet pas le passage d'un véhicule, le camion se colle contre une façade borgne. L'un des employés de la *Coginet*, mis dans la confidence, tape lourdement sur la paroi du réservoir dans lequel Séquoïa et Chrysostome, de l'eau jusqu'au cou, sont dissimulés. Ils sortent discrètement par la trappe, enfilent des combinaisons puis Chrysostome récupère son arme de dotation scotchée sur le châssis. Enfin, ils laissent l'équipe de la *Coginet* continuer son parcours. Les deux hommes n'ont aucune difficulté à se fondre dans la foule qui grouille dans les ruelles de la Corne Rouge. Les bains turcs occupent une ancienne usine de tisane qui a fait les riches heures de la commune dans la première partie du XXe siècle. Ses décombres ont constitué la base du premier campement. La construction des thermes correspond à l'arrivée dans le campement de centaines de Turcs d'Anatolie orientale.

Il est prévu que Chrysostome pénétrera dans les thermes tandis que John-John s'installera dans un café, l'œil rivé sur l'entrée. Le lieutenant se défait de ses vêtements qu'il dépose dans un casier en bois et entre dans une eau verdâtre particulièrement chaude. Une vingtaine d'hommes assis dans l'eau discutent de leurs affaires.

Le voisin de Chrysostome engage la discussion :
— Quel clan ?
— Aucun, je suis de passage, répond le lieutenant en essayant de rester le plus neutre possible.
— Arrivé quand ?
— Aujourd'hui. Je reste quelques jours et puis je continue vers l'est. Je vais à Paris.

Le type disparaît sous l'eau puis réapparaît au bout de quelques secondes.
— Dis-moi, question dope, je cherche un nommé Steigerhout. J'ai l'habitude de traiter avec Freddy-Py quand je viens dans le coin, tente Chrysostome, mais…
— Steigerhout ? Tu ne peux pas le rater, il traîne près des bains tous les soirs. Il vit la nuit ce gars, un vrai vampire.
— Il ressemble à quoi ?
— Roux. Un vrai petit Irlandais.

Dehors, John-John commence à trouver le temps long. Des types entrent et sortent des bains. Tous portent des masques tant l'air est putride. Depuis sa précédente expédition, la Corne Rouge a gagné en concentration. Elle a pris de la hauteur et du nombre. S'il venait à un homme politique courageux l'idée de raser ce chancre, il ne le pourrait pas. La Corne Rouge est devenue une vraie ville dans laquelle une foule va et vient, organisée comme dans n'importe quelle ville du monde, vaquant aux mêmes occupations. À l'exception notable qu'ici, une majorité de la population est recherchée par la justice. On y parle toutes les langues et même certains dialectes.

Séquoïa prie pour ne pas rencontrer un ancien client ou bien un pisté. Il aurait du mal à justifier sa présence ici. Chrysostome ressort enfin après avoir recueilli l'information qu'il recherchait. Il fait un signe à destination de John-John qui se lève pour le suivre à distance. Ils marchent un moment sans dire un mot sous de grandes bâches tendues entre les immeubles. Elles servent à camoufler les rues et les habitants des passages de drones. Enfin, le lieutenant désigne à John-John l'entrée d'une taverne dans laquelle ils trouvent une table à l'écart. Ils y restent assis près de trois heures discutant et consultant leurs holosats. John-John a reçu trois transmissions d'Ultramarine et une de Dupont, qu'il ne peut consulter. Un brouilleur semble couvrir certains quartiers de la Corne Rouge. Peu avant 20 heures, ils quittent la taverne pour revenir vers le grand bâtiment abritant les bains. Il fait nuit mais les ruelles semblent ne pas vouloir se vider. Ils s'installent sous la tôle d'un vendeur de brochettes. Il n'y a aucun éclairage public et les seules lumières proviennent des braseros, des ampoules des boutiquiers et de celles des habitations. Le bourdonnement de dizaines de générateurs est incessant.

Vers minuit, ils désespèrent de voir arriver Steigerhout quand Chrysostome se redresse brutalement sur sa chaise et, d'un mouvement de la tête, désigne un point sur sa droite. John-John l'accompagne du regard. Ils reconnaissent immédiatement l'homme qu'ils recherchent. Sa chevelure ressemble à un buisson roux qui monte à une trentaine de centimètres au-dessus du crâne. L'homme n'est pas seul, une dizaine de types l'accompagnent.

XXIX

Il court sa dizaine de kilomètres quotidiens dans la coulée verte, sans daigner jeter le moindre coup d'œil au grand palmier au pied duquel il a abrégé la misérable existence de Freddy-Py, puis il revient à l'appartement. Sur son palier, il effectue quelques exercices d'assouplissement en s'aidant de la rampe d'escalier. Puis il monte prendre sa douche. Tout en s'essuyant vigoureusement les cheveux avec sa serviette, il jette un œil vers Terence qui somnole sur sa carpette. Que fera-t-il du chien quand il en aura assez ? Car il sent que le moment de s'en lasser ne va pas tarder. Puis, il s'habille, enfile un de ses innombrables sweat-shirts à capuche si pratiques pour rôder incognito dans la rue et chausse ses vieilles baskets qui ne l'ont jamais trahi. Il hésite. Doit-il prendre son kriss ? Il préfère y renoncer. Il faut désormais être le plus discret possible et ne pas risquer de focaliser sur lui l'attention des flics. Il a beaucoup tué ces derniers temps. La police a-t-elle une idée du profil du tueur de Madeleine Magnificat, d'Iso-Yellow Kardec et de ce petit rat de Freddy-Py ? Elle pataugera longtemps avant de se forger des certitudes. Il émet un petit ricanement incontrôlé en pensant au manque d'imagination des policiers. Tous les indices du monde ne mèneront pas à sa piste. Mais il s'assombrit aussitôt. Il aurait dû tuer Freddy-Py plus tôt et mieux. Il reste frustré par sa mort. Finalement, il regrette de ne pas l'avoir fait davantage souffrir, il aurait dû s'amuser avec lui, longuement, pour lui faire payer tous les désagréments qu'il lui a causés. Maintenant, il lui faut régler le cas de la policière. Elle est la seule à l'avoir vu, il ne peut laisser les choses en l'état. En ce qui concerne le type qui lui a couru après dans la coulée verte, il en parlera à Alpha. Il ne s'agit pas d'un flic, il en a la conviction. Mais cela signifie aussi qu'un type, qu'il ne connaît pas, lui en veut au point de le poursuivre en pleine nuit, au risque d'y laisser sa vie, car il reste persuadé que celui qui l'a poursuivi dans la coulée ne s'y trouvait pas par hasard. Étrange ! Alpha répondra à ses questions, il a toujours réponse à tout. Et quand tout sera terminé, il se rendra à la gare et il montera dans le premier train à destination de Crozon. Il a un truc à faire là-bas, quelque chose d'essentiel. Il se sent trembler en y songeant. Grâce à Alpha, il va éclairer le pan le plus sombre, le plus mystérieux de son existence.

En attendant, il lui reste un truc important à faire, une mission comme il les aime, pour lesquelles la vie vaut vraiment d'être vécue. En refermant la porte du hall d'entrée derrière lui, il jette un regard méfiant dans la rue, rabat la capuche sur son front et se met à courir, encore.

XXX

John-John et Chrysostome se séparent sans un mot. Ils commencent la filature, se relayant tous les cinquante mètres. La bande dirigée par Steigerhout traverse une longue ruelle puis remonte une voie avant de bifurquer pour rejoindre l'avenue principale. Ils arrivent devant une petite maison enchâssée parmi des bâtiments relativement imposants. Une vingtaine d'hommes en armes font le pied de grue en devisant autour d'un brasero. Steigerhout passe devant eux et gravit le petit perron accompagné de deux hommes à lui. John-John se met à la remorque d'un vendeur ambulant et passe devant le pavillon en regardant droit devant lui. Puis il continue de marcher jusqu'à disparaître du champ de vision des gardes. Il est rejoint quelques minutes plus tard par Chrysostome.

— Alors, on joue au chat et à la souris toute la nuit ? questionne Chrysostome.

— S'ils retiennent Karkowitch ici, nos chances de la ramener sont faibles vu le nombre.

Ce faisant, le lieutenant sort son holosat et tente de transmettre un message à destination du chef de brigade de la PJ, relatant les difficultés de la mission et donnant la localisation du pavillon. Le message passe sans encombre, cette fois-ci. Ramirez lui répond et en profite pour lui rappeler de conserver sa liaison ouverte.

— La maison doit abriter l'un des caïds, si ce n'est Abdouchasmarov lui-même, souffle John-John. Que faisons-nous ?

Chrysostome n'a pas le temps de répondre. Steigerhout vient de sortir avec ses deux sbires. Il échange quelques mots avec sa bande et rebrousse chemin, seul. John-John et Chrysostome marchent dans ses pas. Une fois revenu vers les bains turcs, Steigerhout emprunte une petite rue et, quelques mètres plus loin, entre dans un immeuble en bois, de taille modeste, traverse une cour intérieure recouverte de terre battue et ouvre une porte qui donne sur un grand atelier aux baies vitrées recouvertes d'une couche de crasse datant probablement de plusieurs dizaines d'années qui laissent filtrer de faibles falots de lumière. Sous le porche, Chrysostome sort son arme et la chausse d'un silencieux. Il enlève la sécurité, tandis que John-John, de son côté, s'assure de la présence de son spray figeant.

— Où est-ce que vous avez trouvé ça ? chuchote le lieutenant avec surprise. C'est complètement prohibé !

— Il faut bien que j'aie un petit avantage sur certains truands que je piste.

— J'entre le premier. Si Karkowitch est visible, je tire sur tout ce qui bouge. Si elle n'est pas là, on maintient Steigerhout en vie jusqu'à ce qu'il nous dise où elle se trouve.

Ils progressent silencieusement vers l'atelier quand ils entendent un cri étouffé. Ils se regardent un bref instant et finissent en courant la distance qui les sépare de la porte. John-John la pousse d'un violent coup de pied pour permettre à Chrysostome de pénétrer le plus rapidement possible dans la pièce, arme au poing. L'atelier est immense et jonché d'objets rouillés. Au fond, ils distinguent aussitôt deux formes dont les ombres vacillent au gré du souffle qui passe sur les bougies. Un homme arque-bouté enserre de ses mains le cou de Steigerhout, agenouillé au sol. Quand il les voit arriver, l'homme se retourne brusquement et, d'un geste foudroyant, tourne la tête de sa proie qui s'affaisse aussitôt au sol comme un pantin de chiffon. Sa capuche dissimule une partie de son visage mais laisse passer, comme deux lueurs fiévreuses, des yeux jaune-paille. Chrysostome s'approche de lui, le canon de son pistolet tendu vers sa poitrine.

— Ne bouge plus, chuchote-t-il.

Il parle bas, la voix ferme. John-John s'écarte lentement du lieutenant pour fermer l'angle de fuite, ne perdant pas l'homme du regard. Ce dernier ne bouge pas, mais il semble se dégager de ce corps immobile, plongé dans une semi-obscurité, un sentiment de puissance mêlé d'assurance qui trouble le pisteur et le lieutenant. Ils ont reconnu au premier instant la silhouette qu'ils ont poursuivie au funérarium pour l'un et dans la coulée verte pour l'autre. Ils savent que si l'homme s'échappe, ils ne réussiront pas à le poursuivre, encore moins dans ce milieu hostile.

— Tu cries, tu bouges et tu es un homme mort. Où est la femme ? demande Chrysostome en s'approchant tout doucement de lui.

L'homme ne répond pas. Il ne semble pas angoissé mais très concentré. Son regard dur passe lentement de John-John à Chrysostome. Chrysostome fait encore un pas, imité par John-John. C'est ce moment-là que choisit l'homme pour s'écarter légèrement et dévoiler derrière lui une masse sombre qui gît sur le sol. Le lieutenant croit, à cet instant, apercevoir un léger sourire courir sur la bouche de l'inconnu.

— Karkowitch, crie Chrysostome à l'adresse de John-John et de Ramirez qui est à l'écoute.

Il vient à peine de terminer de prononcer le nom de sa collègue que l'inconnu a démarré, se faufilant entre eux deux avec une vitesse quasiment irréelle. Le temps de réaction du lieutenant est tellement peu en phase avec les mouvements du fuyard qu'il tire juste après le passage de l'homme, contraignant John-John à se jeter au sol. Chrysostome a encore le temps de tirer une balle sur le fuyard avant que ce dernier ne parvienne à franchir la porte d'entrée. Ils entendent un cri sourd, un temps d'arrêt puis la reprise de la cavalcade. L'homme a été touché. John-John se rue à sa poursuite tandis que le lieutenant se précipite sur le corps de Brenda Karkowitch.

***

Il est 4 heures du matin quand Ramirez transmet à Chrysostome les informations sur les modalités d'extraction de la Corne Rouge. Un nouveau convoi entrera dans le campement en début de matinée. Un véhicule passera lentement devant l'ancienne mairie et s'arrêtera pour permettre à John-John et Chrysostome de hisser le corps de Brenda dans la benne. Ils n'ont pas dormi de la nuit, réceptifs à tous les bruits environnants. Ils ne craignent pas le retour de l'assassin, ni même qu'il ait pu alerter les caïds de la Corne Rouge. L'homme est un solitaire. Pas le genre à frayer avec une banale bande de truands. Vers 7 heures, la Corne Rouge s'éveille complètement. Dans sa fuite, l'assassin a porté la main à sa blessure et a pris appui sur le chambranle de la porte avant de disparaître. Avec son couteau, Chrysostome a prélevé un peu de peinture souillée du sang de l'inconnu et enfermé l'échantillon dans un sachet en plastique. Vers 8 heures, entendant le vacarme des véhicules de la *Coginet*, ils sortent dans la cour, traînant Karkowitch dans un grand sac de ciment qu'ils ont trouvé près des gravats. Quelques types font la queue pour leurs ablutions près d'une fontaine qui verse un filet d'eau ridicule. John-John et Chrysostome saluent ceux qui leur prêtent attention tout en continuant à tirer leur fardeau jusqu'au camion. Le conducteur, un lieutenant de la PJ, est seul. Il leur adresse un signe amical du menton et descend du véhicule pour les aider à hisser le corps vers la benne, puis John-John et Chrysostome montent à leur tour. La tournée continue un long moment. Les sacs de déchets lancés par le faux employé de la *Coginet* s'accumulent près de John-John, Chrysostome et le corps de Brenda. Deux heures plus tard, pratiquement ensevelis sous les déchets, ils franchissent la porte sud dans une odeur répugnante et rejoignent le QG où Ramirez les attend. Chrysostome remet l'échantillon de sang à Mahmouti. Ils sont autorisés à se doucher et à changer de vêtements avant de relater leur périple dans la Corne Rouge.

L'opération a été un fiasco puisque Karkowitch est morte, mais personne n'en veut aux deux infiltrés. Sans la présence de l'assassin, ils récupéraient la lieutenante, cela ne fait pas de doute. D'ailleurs, Ramirez qui a suivi le déroulement de l'assaut final, ne trouve techniquement rien à redire.

— S'il n'est pas trop grièvement blessé, il a dû passer entre les gouttes d'eau, se contente-t-il de dire.

— Les résultats sanguins de notre inconnu, dit Mahmouti en brandissant son appareil.

— Alors ! demande Ramirez avec impatience.

— C'est à marcher sur la tête. Notre inconnu reste un inconnu. Aucun nom ne ressort des fichiers…

XXXI

John-John est complètement assommé par sa nuit blanche et par la tension de la traque. Dans l'entrée de son immeuble, le concierge se redresse rapidement dès qu'il le voit et l'apostrophe tandis que John-John a déjà le doigt sur le bouton de l'ascenseur panoramique.

— Une dame pour vous.

John-John s'approche.

— Une dame est passée hier matin et puis hier soir, encore. Belle, même très belle, si je peux me permettre…

John-John le coupe.

— Qu'a-t-elle dit ?

— Lorsqu'elle est revenue le soir, elle a laissé cette… enfin cette enveloppe.

Arrivé dans son appartement, il colle son visage à la baie vitrée du salon et observe les nuages et leurs couleurs comme s'il s'agissait de la première fois. Il est ému. La dernière fois qu'il a reçu un courrier, il venait d'avoir 9 ans. Il s'agissait d'une lettre de sa mère qu'un des éducateurs de l'orphelinat lui avait remise. Il a su plus tard que la lettre avait été écrite précisément neuf ans plus tôt lorsque sa mère avait déposé John-John dans l'établissement. Une plume droite et élégante tentait de justifier son abandon. Sur le coup, il avait pleuré. Pour la première fois, il recevait des nouvelles de celle dont il avait si désespérément souhaité la présence.

Il décachette l'enveloppe. L'écriture, penchée, belle et volontaire, repose sur du papier paille.

John-John,

Vous m'incitez à ouvrir un cœur qui s'est fermé il y a bien longtemps déjà. Vos yeux disent tout l'intérêt que vous me portez et je n'y suis pas insensible. Mais ne désirez-vous pas savoir ce que je suis vraiment ? Êtes-vous capable d'aimer autre chose qu'une enveloppe charnelle ? Et si je n'avais pas la beauté que l'on me prête ?

Ultramarine

John-John lit et relit les quelques mots qu'Ultramarine a pensés et pris le temps d'écrire. Quel message veut-elle lui transmettre ? Pourquoi, la fille de l'inventeur de l'hologramme de masse utilise-t-elle la lettre ? Il laisse glisser le papier sur une table basse, et sort son holosat pour consulter les messages reçus depuis qu'il a quitté la Corne Rouge. Il ouvre ceux d'Ultramarine qu'il n'a pu consulter lorsqu'il se trouvait dans la Corne Rouge. Elle s'excuse d'avoir été dure avec lui et souhaite sortir définitivement de son rôle d'employeur. Dupont a également laissé près d'une dizaine de messages, dont beaucoup sont incomplets, ou incompréhensibles. Il rappelle Dupont qu'il parvient à joindre aussitôt.

— Mon jeune ami, je veux vous voir aujourd'hui.

— Mais vous me voyez. À présent que vous êtes un adepte de l'holosat, nous pouvons tout nous dire à distance.

— Cessez de faire l'enfant. Pouvez-vous passer ? Ou bien, si cela vous arrange, je vous rends visite.

Il a perdu sa bonhomie habituelle et son regard a des accents de dureté que John-John ne lui connaît pas. Il lui promet de passer plus tard et tombe comme une masse sur son divan pour dormir cinq heures d'une traite.

En soirée, John-John se rend à vélo chez son filleul. Dupont attend près de la porte, avec le masque visible de l'impatience. Il invite John-John dans son bureau et ouvre les fenêtres. Le chant des oiseaux emplit aussitôt la pièce.

— Ce sont deux alouettes des champs qui se répondent. L'adoucissement du climat et la végétation luxuriante de la ville ont permis à certaines migrations de terminer leur parcours au-dessus de Rennes.

— Auriez-vous du papier à lettre ?

— Quête étonnante... Et à quoi allez-vous donc l'utiliser ?

— Je laisse votre imagination travailler un peu.

— Plus précisément, à qui allez-vous faire parvenir ce que vous aurez couché sur cette feuille de papier ?

Dupont se lève pour se diriger vers un petit secrétaire à abattant très élégant, de style Régence, duquel il sort une liasse de feuilles blanches légèrement jaunies par le temps.

— Je n'ai que ça ici. Mon stock se trouve à Noirmoutier, dans ma chère maison. Prenez tout et faites-en le plus beau des usages. Le papier fait vibrer l'amour comme pas un seul autre support n'y parviendra jamais.

— Vous étiez si pressé de me voir ?

Dupont se rassoit. Son visage a retrouvé sa physionomie habituelle. Il tapote un moment l'accoudoir de son fauteuil avant de jeter un regard vers la fenêtre ouverte.

— Qui suis-je pour vous, finalement ?

John-John n'a jamais aimé les questions sentimentales.

— Pitié ! finit-il par dire. J'ai passé une nuit comme je n'en ai plus passé depuis des années. Allez au fait, je vous en prie.

L'œil valide de Dupont vrille John-John à la recherche d'un sentiment, d'une certitude.

— Et puis, je ne pourrais pas répondre à cette question autrement qu'en vous blessant, finit-il par dire avec honnêteté. Pourquoi souhaitiez-vous me voir, répète John-John.

Ce dernier ne bronche pas devant la rebuffade et l'impatience de son parrain. Il se lève pour se diriger vers la fenêtre.

— Il n'y a rien de plus laid et de désagréable qu'une porte qui claque John-John et je trouve que vous avez pris cette déplorable habitude de ne pas refermer avec précaution derrière vous.

John-John se rend compte en observant Dupont de dos à quel point le vieil homme est grand et massif. Il a dû être une force de la nature jadis.

Le vieil homme se tourne vers le pisteur. Il semble presque gêné.

— Vous serait-il possible de me rendre un service ?

XXXII

Le véhicule glisse sans un bruit sur la voie express. Chrysostome tient le volant d'une main, l'autre repose sur l'accoudoir. Il fait encore nuit et la sensation d'être seul à traverser un bout de France lui plaît furieusement. À demi allongé sur les sièges arrière, le chef de brigade de la PJ dort comme un bienheureux. Chrysostome baisse le son du lecteur de musique. Il n'a pas branché le pilote automatique, il aime sentir la route sous lui.

Les premières clartés rougeoyantes du jour apparaissent après Fougères, accompagnées de brumes épaisses qui contraignent le lieutenant à ralentir. Il quitte la nationale, emprunte quelques routes secondaires puis ils bifurquent vers le chemin final bordé de peupliers. Un portail caché par la végétation annonce le domaine familial auquel le nom de *Saïda* a été donné. Chrysostome descend de voiture et va sonner à l'entrée. Les gendarmes affectés à la surveillance de la propriété privée ont déjà été démobilisés. Deux hommes d'une société privée, chargés de faire en permanence le tour de l'enceinte, assurent la sécurité. Le portail émet un léger grincement avant de s'ouvrir pour permettre au véhicule d'avancer. Une longue allée bordée de saules pleureurs serpente au milieu d'un gazon à la tonte irréprochable. Au loin, ils distinguent les formes d'une bâtisse imposante. Il s'agit d'un château du XVe siècle, remanié deux fois dont la dernière, de manière assez navrante, au

XIXe siècle. L'ensemble, iconoclaste, apparaît comme une construction hybride entre un manoir et un château Renaissance. La voiture se gare au pied d'un vaste perron sur lequel d'immenses poteries d'Anduze forment comme une haie d'honneur. Ils sont accueillis par un homme très élégant qui se présente comme « *le chef du protocole de M. Gengis Déko-Marcus* » et les fait patienter. Ils prennent place sur des fauteuils crapauds particulièrement confortables et se font servir une eau gazeuse en attendant le maître des lieux.

— Vous avez le mandat ? demande Ramirez.

Chrysostome lui tend l'appareil sans un mot.

— Nous avons deux ou trois trains de retard sur cette affaire, mais bon, comme on dit chez les politiques, l'important n'est pas de rater un truc, mais de n'avoir rien à se reprocher. On aura vu Déko-Marcus, là est l'essentiel.

Il se lève, impatient, et effectue quelques pas vers la commode chargée de tapes de bouche, de coupelles et de bibelots divers.

— Vous vivriez ici, dans cette cambrousse ? demande-t-il à son subordonné en regardant par la baie vitrée l'immensité verte au-dessus de laquelle une légère brume est suspendue.

Chrysostome n'a pas le temps de répondre.

— Moi jamais, plutôt crever. Je préfère les miasmes de la ville à l'odeur de terre et de vase.

Il éclate de rire en revenant vers le lieutenant et sort sa tablette de la poche intérieure de sa veste. Il la déroule. Les dernières informations communiquées par ses services sur les affaires Magnificat et Kardec s'accumulent. Il les lit en silence, dodelinant parfois de la tête.

— Rien de bien nouveau ni d'intéressant, conclut-il en repliant la tablette.

Ils patientent encore une dizaine de minutes avant de voir s'ouvrir une double-porte qui laisse passer Gengis Déko-Marcus et son chef du protocole. L'ancien président de la métropole n'est pas encore vêtu pour la journée. Il porte un pyjama et un peignoir de soie, des pantoufles d'un beau cuir et a fait l'impasse depuis quelques jours sur son rasage au cordeau. Il arbore un air fatigué, d'une fatigue davantage morale que physique. Il regarde avec attention Ramirez que son factotum a désigné du menton comme le plus gradé des deux, puis son regard se porte sur Chrysostome. Il a, malgré son air las, encore des habitudes de grand chef politique. C'est la première fois que Ramirez le voit dans la réalité. Pour donner à l'entretien le contour formel indispensable, il tend le mandat électronique de la procureure de la République à Gengis Déko-Marcus qui laisse son chef du protocole le lire à sa place.

— Si je comprends bien, demande-t-il en jetant un regard froid vers le chef de brigade de la P J, je suis suspecté dans une affaire de meurtre.

— Pas précisément, rectifie Ramirez. Nous n'avons pas une idée totalement claire de l'identité de l'assassin. En ce qui concerne Iso-Yellow Kardec, nous sommes actuellement sur la piste d'un homme qui nous apparaît comme le principal suspect. Pour Madeleine Magnificat, il pourrait aussi s'agir du même meurtrier, mais nous ne pouvons pas encore l'affirmer. Quoi qu'il en soit, vous connaissiez les deux jeunes femmes et sembliez même être assez proches d'elles. C'est à ce titre que nous souhaitons avoir cet échange avec vous. Vous comprenez bien que nous ne pouvons écarter aucune piste.

D'un léger mouvement de tête, GDM congédie son chef du protocole.

Ramirez se racle brièvement la gorge pour se donner de la contenance.

— Madeleine Magnificat, journaliste et fondatrice de *La Vigie,* est morte sous les coups donnés par son amant.

Le fondateur d'*UbiKus* ne réagit pas. Il se contente d'observer Ramirez et Chrysostome d'un œil inquisiteur.

— Une vidéo sur laquelle vous apparaissez en sa compagnie ainsi que les témoignages de son voisin de palier et ceux d'une jeune femme qui tient le vestiaire du bar *Les Aviateurs* sont formels. Vous avez été reconnu comme l'une de ses connaissances. Je souhaiterais savoir la nature exacte de vos relations avec Madeleine Magnificat.

Un instant, Gengis Déko-Marcus paraît peser le pour et le contre.

— Je suppose qu'il me faut jouer cartes sur table.

Il ne pose pas une question, il semble simplement se persuader qu'aucune autre issue ne se présente à lui.

— Je l'ai connue sur le réseau *Smart Flirt Wire.* Pour être honnête, je n'ai jamais su si cette rencontre avait été fortuite ou pas. Elle m'a harponnée alors que j'avais un avatar tout à fait commun. En général, je préfère ne pas me dévoiler tout de suite. On trouve tellement d'arnaques sur ce type de réseaux. Même si celui-ci est le plus fiabilisé, de nombreuses call-girls, des chasseurs de dots, des gigolos et des escrocs y traînent malgré tout. Et puis, ma position politique m'engageait à un minimum de discrétion. Je ne vais pas vous faire un laïus sur la solitude des hommes de pouvoir, cela ne vous ferait pas pleurer.

Ramirez manque de s'étouffer de rire. Il a vu passer sur son bureau une douzaine de procédures au bas mot concernant Déko-Markus et ses histoires de sexe souvent limites.

— J'ai toujours eu un doute sur la démarche de Madeleine. C'est vrai, elle n'avait pas franchement le profil à traîner sur SFW. Une journaliste… Après j'ai compris.

GDM se tait subitement. Son regard flotte.

— Qu'avez-vous compris monsieur le président ?

Ramirez se demande un instant si GDM ne va pas se refermer comme un coquillage.

— J'ai 69 ans. Depuis près de cinquante ans, depuis que j'ai magnifiquement réussi en somme, aucune femme n'a posé un regard honnête sur moi. Je ne sais pas ce qu'est l'attitude franche et désintéressée d'une femme envers un homme. Je n'ai pas eu de liaison avec Madeleine, elle m'a fait courir, tout simplement. En réalité, elle ne recherchait pas une relation sécurisée, ni un moment d'aventure affective, sensuelle ou sexuelle. Ce qu'elle voulait savoir, c'était la manière dont j'avais construit ma vie, quelle avait été mon enfance, le milieu dont je m'étais extrait, comment j'étais parvenu à devenir l'homme le plus puissant d'Europe. Bref, elle a utilisé SFW pour entrer en contact avec moi et apprendre, en quelque sorte, la recette du succès. Elle voulait se faire du fric sur mon dos, c'est tout. C'est d'une banalité affligeante.

— Elle aurait pu passer par votre service communication pour obtenir un rendez-vous, user de son charme comme vous insinuez qu'elle a pu le faire *via* le réseau SFW.

— Impossible. Je n'accorde aucune interview, c'est une règle intangible. Tout le milieu le sait. Jeune entrepreneur, je me suis fait piéger une fois et je me suis juré de ne plus jamais me laisser approcher par un journaliste. Je n'ai décelé aucune faille dans son approche sur le réseau, c'est pour ça que je ne me suis pas méfié.

— Vous dites qu'elle voulait se faire de l'argent sur votre dos. Peut-être qu'elle souhaitait simplement approcher une certaine vérité, faire son travail en somme, hasarde Chrysostome.

GDM lui lance brièvement le regard qu'on réserve habituellement aux insectes.

— Qui connaissait les avatars derrière lesquels vous vous dissimuliez ? Qui aurait pu utiliser votre compte hologrammique et le communiquer à Madeleine Magnificat ?

Il hésite un instant. Son regard se ferme, puis durcit.

— Je l'ignore, finit-il par dire, accompagnant ses paroles d'un imperceptible mouvement de lèvres. Mais je vous concède qu'il ne peut pas s'agir d'une coïncidence.

Chrysostome a désormais la certitude qu'il dissimule un pan de la vérité.

— Avez-vous révélé à Madeleine Magnificat certains éléments de votre vie que le grand public ne connaissait pas et qui pourraient vous…

— Me compromettre ?

— Exactement.

— J'ai laissé pas mal de cadavres derrière moi, c'est la vérité. Vous savez, le monde des affaires est une véritable jungle, mais tout le monde en connaît les risques. On joue gros, on gagne, on perd… Et je ne parle pas de la politique, un univers peuplé de charognards. Sachez qu'aucun des secrets que je cache encore n'est suffisamment important pour me contraindre à tuer une femme dans le but de le préserver.

Le même plissement léger de la lèvre, accompagné d'un décroché imperceptible du regard confortent Chrysostome dans son opinion. Gengis Déko-Markus ne dit pas tout.

— Venons-en à l'affaire Kardec. Iso-Yellow a été retrouvée morte, quasiment au pied de la tour Élektra, le siège de votre consortium. Elle faisait partie de votre entourage si j'en crois les images d'informations.

— C'est un peu exagéré. Iso-Yellow a réussi à corrompre ma chargée de communication, qui a toujours été sensible au charme des femmes. Elle lui a communiqué sans vergogne mes coordonnées holosat. Cela lui a d'ailleurs valu de perdre son poste plus tard, quand j'ai appris cette trahison. Et croyez-moi, elle n'en retrouvera pas de sitôt…

— Avez-vous eu une aventure avec Iso-Yellow Kardec ?

— Une aventure ? Définissez-moi ce terme, je vous prie, et je serai peut-être en mesure de vous répondre.

— Une liaison amoureuse sans lendemain.

Gengis Déko-Marcus affiche un sourire gêné.

— Que voulait-elle au juste ? Car figurez-vous, cher ami, que les femmes me demandent toujours quelque chose. Toujours ! En fait, j'exagère, elles suggèrent plutôt. Iso-Yellow avait l'impression de piétiner. Elle voulait que je l'aide à trouver sa foulée dans la vie.

— Lui avez-vous proposé quelque chose ?

— Non, bien sûr, je ne règle pas ce genre de détail. Je l'ai renvoyée vers Aurora.

Il se lève soudain, se raidit et prend un ton péremptoire.

— J'ai créé un système de communication qui a bouleversé les fondements des relations humaines.

La réalité déportée est la plus belle des inventions de ces quarante dernières années parce qu'elle permet aux gens qui ne se connaissent pas de se parler et de se comprendre…

Il s'arrête subitement. Combien de fois a-t-il dit cela et plus encore ? Les deux policiers voient passer une ombre sur son visage.

— La trahison est l'arme favorite de l'homme. Quel que soit son niveau de bonheur, il faut qu'il trahisse.

— De qui voulez-vous parler, monsieur ?

Gengis Déko-Marcus se tait un long moment

— Monsieur le président, dit Ramirez en le faisant revenir à lui, qui vous en veut ?

— À peu près tout le monde, mon ami, à peu près tout le monde. Quand l'envie se conjugue à la trahison…

— Mais au point de vouloir votre chute ?

— Je me suis retiré ici, j'ai démissionné de mes fonctions de président de la métropole et j'ai accepté de n'être qu'un fantoche au sein du groupe que j'ai créé, tout simplement parce que je ne veux plus de morts autour de moi. Au fond, j'ai su immédiatement, lorsqu'on a retrouvé Madeleine assassinée dans son appartement, que sa mort n'était qu'un moyen de m'atteindre. J'aurais dû tout arrêter à ce moment-là. Iso-Yellow l'a payé de sa vie par la suite.

— Ces morts sont-elles liées aux actions de déstabilisation de vos activités ? Connaissez-vous Gary Edelstein ou Golkoff ?

— Bien sûr, je connais ces deux nuisibles. J'ai déjà ordonné des enquêtes sur eux et sur d'autres. Je connais exactement l'état des pertes qu'ils ont causées à *UbiKus*. Ce sont des sous-fifres à l'idéologie instable. Ils ont voulu donner un sens à leur vie en s'attaquant à des symboles. Leur mouvement était téléguidé. Ils sont manipulés depuis qu'ils sont en âge de penser.

— J'ai rencontré Golkoff, dit Chrysostome, il pense que Madeleine s'apprêtait à sortir votre biographie critique.

— Je vous l'ai dit, je n'ai rien à dissimuler.

Ramirez interroge Chrysostome du regard pour savoir s'il a d'autres questions à lui poser. Chrysostome fait une moue signifiant qu'il en a terminé lui aussi et se lève.

— Il faut à présent que vous vous prêtiez à une action réglementaire.

Ce faisant, le lieutenant s'approche de GDM, un kit de prélèvement ADN à la main.

— Vous pouvez trouver mon empreinte génétique dans le fichier pourpre, bougonne Déko-Marcus.

— Il est inaccessible en ce moment. Et puis, nous nous trouvons dans une affaire de droit commun.

— Je boirai donc le calice jusqu'à la lie.

GDM lui donne sans sourciller un cheveu que le lieutenant insère dans son analyseur d'ADN.

— Le résultat me sera transmis très rapidement, lance-t-il à GDM avec un sourire qu'il veut le plus neutre possible.

— Vous pensez réellement que je pourrais avoir quelque chose à voir dans cette affaire ? interroge GDM en appuyant sur un bouton d'appel.

— Nous souhaitons simplement vous mettre totalement hors de cause. Nous sommes à peu près certains que vous n'êtes pas l'assassin de Madeleine Magnificat et d'Iso-Yellow Kardec. Pour autant…

— Pour autant, je pourrais être le commanditaire de ces meurtres, non ?

— Nous ouvrons toutes les pistes. C'est notre métier et notre devoir, répond le responsable de la PJ.

Le chef du protocole de GDM, alerté par la sonnerie de son chef, entre dans la salle et raccompagne les deux policiers jusqu'au perron.

— Votre point de vue ? demande Ramirez en s'asseyant dans la voiture.

— Il nous cache l'essentiel. Il sait pertinemment qui se trouve derrière tout ça. J'ai même le sentiment qu'il protège celui qui souhaite sa perte.

— Alors pourquoi, dans ces conditions, faire appel à Séquoïa, dont il connaît le talent de pisteur ? C'est comme s'il payait le meilleur avocat pénaliste à son accusateur.

— Je l'ignore, il doit être coincé.

Chrysostome n'a pas le temps de répondre, son téléphone corporel émet un signal. Il écoute le message et freine brutalement. Ramirez a un pressentiment.

— Le laboratoire me signale que l'ADN de Gengis Déko-Marcus est compatible avec les échantillons prélevés au domicile de Madeleine Magnificat, dit Chrysostome.

XXXIII

John-John ne sait pas où cela va le mener, mais il a senti l'impérieux besoin de suivre son instinct. Il a écrit sa lettre à Ultramarine. Près de deux heures ont été nécessaires pour parvenir à quelque chose de satisfaisant. Que voulait-il lui dire et comment voulait-il l'exprimer ? Ces deux questions trottaient déjà depuis un certain temps dans son esprit, avant même qu'Ultramarine ne le pousse dans ses retranchements avec le courrier qu'elle lui avait fait remettre. En réalité, écrire quelques lignes qui ressemblent à de l'amour lui ont semblé le comble de l'audace. Son esprit est accaparé par ces idées quand il monte dans le train à destination de Brest.

À son arrivée, il loue un véhicule et prend la route de Crozon. Arrivé à Morgat, John-John demande son chemin et parvient après une trentaine de minutes de route à un hameau constitué d'anciennes fermes du XVIIIe siècle. Pas une âme qui vive à deux kilomètres à la ronde. John-John se gare devant la petite église prieurale romane Saint-Déodat dont la toiture, pour partie, a chuté dans la nef. Il traverse le hameau en observant attentivement chaque maison pour y déceler une hypothétique présence humaine. Les maisons sont reliées entre elles par de petits chemins. Arrivé à la sortie du village, il lui semble être parvenu au bout du monde. L'océan tout droit, une colline maussade plantée de quelques arbres à sa droite, et un début de forêt à sa gauche encadrent l'objet de ses recherches :

le cimetière de Karroux. Il s'avance lentement, un imposant bouquet de lys à la main. Une pluie très fine mais glacée commence à tomber. Il apprécie le contact de l'eau sur son visage. Désormais, il fraye son chemin parmi les herbes folles et les plantes envahissantes. Après quelques mètres, il se rend compte qu'un chemin a été dégagé récemment. Il l'emprunte et s'arrête un instant pour se pencher au-dessus des herbes qui ont été couchées sur le sol. Les marques lui semblent relativement récentes. Il se relève, intrigué, et met la main dans sa poche de blouson pour sentir son flacon de spray figeant. Le portail métallique entièrement noirci par la rouille a été poussé. Il se faufile pour entrer dans le cimetière en prenant soin de ne pas souiller ses vêtements. Les tombes sont à peu près toutes recouvertes par la végétation. Du pied, John-John écarte un amas de feuilles mortes et de mousse pour lire une inscription. À la recherche du nom et de la tombe que Dupont lui a demandé d'honorer, il continue ainsi de progresser dans le petit cimetière, poussant les herbes folles, les sens en éveil. La visibilité est désormais quasiment nulle du fait de la pluie. Il s'arrête pour lire les inscriptions sur les pierres tombales. Et puis il ressent soudain un choc. Il vient de buter sur quelque chose. À ses pieds, la gueule ouverte, gît un chien. Une large coulée rouge sortant de son poitrail recouvre le vert de la végétation environnante. La mort est récente, John-John le constate en s'accroupissant et en posant sa main sur le poitrail encore chaud de l'animal. Il s'agit d'un chien immense dont il ne connaît pas la race. John-John se relève et embrasse les lieux du regard, tournant sur lui-même, redoublant d'attention, à l'écoute du moindre bruit suspect. La pluie ne cesse de tomber, fine et pénétrante. Sa première couche d'habits est désormais trempée, mais il n'a pas froid. Il retourne le bouquet de lys vers le bas pour le préserver de l'eau. Il lui reste encore une petite parcelle du cimetière à parcourir. Cette partie compte un mausolée et une dizaine de sépultures dont on aperçoit certaines croix en métal rouillé. John-John avance avec précaution, la main crispée sur son spray. Et puis, devant un muret, à une trentaine de mètres de lui, il discerne une silhouette derrière le rideau de pluie. Du revers de la main, il chasse la fine pellicule d'eau qui s'est formée sur son visage et ajuste son regard. Il s'agit d'un homme. Il écarquille les yeux pour s'en assurer. L'homme ne bouge pas sous la pluie et le fixe. Il porte une espèce de blouson avec une capuche, ou plutôt un sweat-shirt. En un éclair, John-John reconnaît l'assassin de la coulée verte et de la Corne Rouge. Dans un tourbillon, des pensées absurdes et contradictoires s'entrechoquent dans son esprit. Quel est le lien ? Où se trouve la logique ? Dupont, Freddy-Py, l'inconnu de la coulée verte… Qu'y a-t-il à comprendre ? Dupont lui a demandé, comme une ultime requête, de venir dans ce village perdu et d'y déposer un bouquet de vingt-neuf lys sur la tombe d'un amour de jeunesse qu'il s'est toujours promis d'honorer. John-John a d'abord refusé avant de se raviser devant l'immense tristesse qui avait semblé accabler le vieil homme. Il voit l'inconnu abaisser d'un geste lent sa capuche pour révéler son visage. Séquoïa s'approche de lui. La pluie forme toujours un rideau trouble, mais les traits ne lui sont pas inconnus. Il a déjà rencontré cet homme, l'assassin de Madeleine Magnificat, d'Iso-Yellow, de Freddy-Py et de Brenda Karkowitch. Il sent que toutes ses connexions cérébrales entrent en mouvement pour rassembler les bribes d'informations capables de lui donner un nom ou un lieu. Et puis le voile se déchire brutalement. En un éclair, il vient de reconnaître Horus, ou plutôt le gardien de la tour Élektra, celui que Brandon Acid, le chef de la sécurité, a blâmé d'une petite phrase. Avec des gestes lents, John-John sort son holosat de sa poche et le met en fonctionnement. Il jette un regard rapide sur son répertoire et appuie sur le nom du lieutenant Chrysostome. Puis, d'un geste discret, il allume sa caméra-bouton.

— Je t'ai reconnu, crie John-John.

Comment Brandon Acid l'a-t-il appelé déjà ? Kabi ? Kobi ?

— Tu es Koubi ? finit-il pas se souvenir. Je t'ai aperçu à la tour Élektra. Tu travaillais là-bas comme gardien, n'est-ce pas ?

L'autre ne bouge pas. Ses cheveux trempés tombent en une masse noire sur son front. Il a le regard dur, qu'un doux sourire permanent vient pourtant atténuer et des traits taillés à la serpette qui le font ressembler à un oiseau de proie. Pourtant, malgré son visage âprement dessiné, quelque chose en lui dégage une certaine beauté. John-John lui trouve un air de ressemblance avec…

— Tu as fait beaucoup de dégâts. Trop. Il est temps de t'arrêter.

John-John se souvient de la manière dont Horus l'a semé dans la coulée verte. Et puis cette vivacité au cœur de la Corne Rouge.

— Qui es-tu Koubi et pourquoi ces morts derrière toi ? Madeleine, Iso-Yellow, la policière dans la Corne Rouge, c'est toi, n'est-ce pas, sans compter Freddy-Py ?

Koubi n'a pas la moindre réaction.

— Et le chien, là-bas ?

Le garde de sécurité de la tour Élektra hausse le sourcil. Visiblement, du point de vue de sa conscience, il n'a pas tout à fait réglé le sort de son schnauzer. Le cerveau de John-John bouillonne de sentiments contradictoires. Il sait que la situation va dégénérer mais, dans un réflexe inattendu, il brandit subitement son bouquet de lys.

— Je suis venu déposer ces fleurs sur la tombe de Saïda de Nérac, dit-il avec assurance. Je ne suis venu que pour ça. Je n'ai rien à régler avec toi.

Les traits de Koubi perdent aussitôt leur dureté. Son corps est pris d'un léger tremblement. Les poings serrés, il émet subitement un hurlement qui vient fracasser le calme des lieux et couvrir le bruit de la pluie qui tombe sur la végétation. John-John le voit s'approcher de lui à pas lents mais sûrs. Le pisteur sort son spray, l'index sur le poussoir, les muscles si tendus qu'ils en sont douloureux.

— Calme-toi, dit-il d'une voix posée. Je suis en contact direct avec la police. Chacun de tes mouvements est observé. C'est fini, Koubi. Il faut abandonner.

— Koubilaï. Mon prénom, c'est Koubilaï, répond Horus d'une voix ferme, dont la gravité surprend John-John. Je déteste qu'on m'appelle Koubi.

L'holosat de John-John se met à frémir. On cherche à transmettre. Il hésite. Finalement, il laisse le canal ouvert de manière à ce que Chrysostome soit en mesure d'entendre leur échange verbal.

— Qui vous a demandé de porter des fleurs sur la tombe de ma mère ? demande Koubilaï, alors qu'il ne se trouve plus qu'à quelques mètres de John-John.

— Le nom ne vous dira rien, il s'appelle Dupont…

Koubilaï le fixe bizarrement comme s'il essayait de lui sonder le crâne. John-John le voit poser son regard vers une pierre tombale, non loin de lui. Elle a quelque chose de particulier, quelque chose qui intrigue immédiatement John-John. Il met quelques secondes à réaliser que l'herbe autour de la sépulture a été arrachée, la terre retournée et que la pierre recouvrant la tombe a été poussée, laissant entrevoir un trou béant. L'homme a ouvert la tombe de sa mère. Il en a profané la tombe.

— Pourquoi ? demande Koubilaï dans un murmure.

Sans attendre la réponse, il fait brutalement volte-face. En quelques mouvements, il parvient au pied du muret de pierres sèches qu'il franchit d'un bond en s'appuyant de la main. John-John court jusqu'à l'enceinte pour le voir, déjà loin, s'enfoncer dans le sous-bois. Le danger s'étant provisoirement éloigné, John-John accepte la transmission qui devient insistante. Aussitôt, Chrysostome apparaît.

— C'était lui ?

— Il vient de s'enfuir.

— J'ai dit à Ramirez que nous le tenions, il envoie des unités à ses trousses. Par ailleurs, dès que vous avez essayé de me contacter, j'ai transmis l'ordre de départ d'un drone depuis Brest. Il devrait arriver dans un court instant. D'ici là, ne faites rien qui pourrait compromettre votre intégrité physique.

— Il n'est que le bras armé d'un autre, Chrysostome. Le vrai coupable est à chercher ailleurs.

— Il vient de parler d'un certain Dupont ? Vous le connaissez ?

— Oui.

— Que représente-t-il pour Koubilaï ?

— Trop tôt pour le dire, mais Koubilaï a semblé littéralement bouleversé quand il a appris que je venais de la part de Dupont pour déposer un bouquet de fleurs sur la tombe de sa mère.

Un léger bruit se fait entendre. Le drone progresse vers le cimetière. Il parcourt rapidement les lieux avant de se stabiliser au-dessus de John-John, mais son pilote, réalisant qu'il ne s'agit pas de la cible, le dirige vers le bois à la recherche de Koubilaï. Après quelques secondes, il s'arrête à nouveau, progresse sur quelques dizaines de mètres en direction de l'est puis reste sur un point fixe. John-John aperçoit le filin porteur de caméra qui sort de sa carlingue et permet de descendre entre les arbres au niveau du sol.

— Le drone l'a repéré.

John-John enjambe le muret de pierres sèches.

— Non ! crie Chrysostome, je vous ai dit d'attendre les unités spéciales.

Sans plus l'écouter, John-John éteint son holosat et s'élance vers le bois. Il distingue le drone entre les cimes des arbres. Il s'en approche avec lenteur, scrutant chaque parcelle de terrain. Koubilaï est là, tapi derrière un tronc, ou bien couché derrière une souche morte. Il sent sa présence. Le dénouement approche.

— Koubilaï, dit doucement John-John. Je sais que tu es là. Tout est terminé. Les policiers arrivent.

Pas de réponse. John-John avance, levant régulièrement les yeux au ciel afin que le drone puisse effectuer ses reconnaissances faciales sans commettre d'impair. La pluie redouble d'intensité, trouvant désormais un chemin aisé parmi le toit de branches et de feuilles. John-John s'arrête, prête l'oreille au moindre son mais seul le bruit assourdissant des gouttes de pluie frappant le feuillage anime le bois. Ce n'est qu'au pied d'un chêne rabougri dont les premières ramifications sont accessibles à hauteur d'homme, qu'il comprend. Un peu plus haut, pend un corps qui balance sous l'effet du petit vent glacé. John-John escalade l'arbre et parvient à dépendre Koubilaï. L'homme s'est servi de la laisse de son chien pour se pendre. John-John entend le ronronnement que fait le drone stationnant au-dessus de lui. Il lève les yeux au ciel et jette un regard désespéré vers ceux qui tentent de l'observer.

XXXIV

John-John Séquoïa et le lieutenant Napoléon Chrysostome n'ont pas échangé la moindre parole depuis le départ de Morgat. C'est le policier qui rompt le silence.

— Il manque encore quelques pièces au puzzle.

John-John reste silencieux, digérant les derniers événements. L'intrusion de Dupont dans l'affaire l'a sonné.

— Rappelez-moi à quel moment Koubilaï s'est-il enfui pour se donner la mort ? demande Chrysostome.

— Lorsque j'ai évoqué sa mère. J'ai clairement senti que son point de rupture se trouvait là. Selon moi, il s'est immédiatement replongé dans une période profondément marquante de sa vie. Cela a déterminé sans aucun doute son passage à l'acte.

— Quel est le lien avec ce Dupont ?

John-John ne répond pas mais une idée commence à cheminer vaguement en lui. Il commande une recherche sur son holosat et reçoit l'information *via* un récitant. Ils apprennent que Koubilaï est le prénom d'un khan mongol ayant vécu au XIIIe siècle qui fut empereur de Chine. Un détail stupéfie les deux hommes, Koubilaï Khan était le petit-fils de Gengis Khan…

— Il ne peut pas s'agir d'une coïncidence. Gengis, Koubilaï !

— Il y aurait un rapport entre eux ? L'assassin des maîtresses de GDM pourrait être son fils ou son petit-fils ?

John-John se contente de soupirer. Au moment où ils commencent à entrevoir les tours de la métropole, l'hologramme de Mahmouti fait irruption dans la cabine.

— Un truc dingue, dit-il en préambule.

— Quoi donc ! s'impatiente Chrysostome.

— La tombe !

— Eh bien ?

— Elle est vide. Pas la moindre poussière de corps, pas le moindre morceau d'os…

Chrysostome interloqué jette un coup d'œil à John-John.

— Koubilaï a peut-être eu le temps de faire le ménage.

— Non, avec certitude je réponds non. Personne, mort ou vivant, n'a jamais résidé dans ce trou.

Chrysostome interrompt le dialogue pour consulter le message qu'il vient de recevoir. Le ciel semble lui tomber sur la tête.

— Connaissez-vous Golkoff ? demande-t-il à John-John.

— Je l'ai eu sur les radars lorsque j'ai effectué mes recherches sur les actions de déstabilisation du groupe *UbiKus*.

— Je lui ai récemment rendu visite avec le collègue de Madeleine Magnificat et je lui ai promis un aménagement de détention contre les informations qu'il pourrait me donner. Aujourd'hui, il me demande son dû. La permission de recevoir un holo-message personnel hebdomadaire…

— De qui ?

— De Dupont.

XXXV

John-John et Chrysostome ont vainement sonné au domicile de Dupont avant de réaliser que la porte était ouverte. Le lieutenant brandit son arme de service et s'avance avec méfiance. Après avoir visité chaque pièce et s'être assuré que personne ne se trouve dans l'appartement, Chrysostome range son arme. John-John laisse le lieutenant commencer la fouille minutieuse de l'appartement pour se rendre dans le bureau-bibliothèque. S'il y a quelque chose à trouver, cela ne peut être qu'ici. La niche contenant la bonbonne d'oxygène est ouverte et l'appareil gît au sol. Sans lui, Dupont se trouvera rapidement dans une situation précaire. Au-dessus de la commode, il observe la représentation du *Génie du Mal* par Yoshitsuya Ichieisai puis en soulève le côté inférieur afin de vérifier qu'aucun coffre-fort n'y est dissimulé. Pendant la manipulation, quelque chose tombe au sol. Il le ramasse. Il s'agit d'une petite enveloppe contenant des photos sur tirage papier. On y reconnaît Dupont, dans la force de l'âge, en compagnie d'un enfant qu'il tient par la main. Dupont fixe l'objectif avec une tranquille détermination. Il possède encore ses deux yeux. John-John se fait la réflexion qu'il n'a jamais demandé à son filleul quelle était l'origine de son handicap. Le garçon qui doit avoir à peine 10 ans lève le visage vers Dupont, à la recherche avide d'un signe de tendresse ou d'affection. Sur d'autres photos, l'enfant, devenu adolescent, sourit à l'objectif avec ce petit air que John-John a déjà vu deux fois, dans le hall de la tour Élektra, puis dans le cimetière de Karroux. Des mimosas derrière eux tombent d'un mur. Peut-être Noirmoutier dont Dupont lui a parlé ? Un autre cliché montre une femme blonde au physique étrange qui porte Koubilaï dans les bras. On dirait qu'elle a été ajoutée sur les photos, qu'elle en est comme un corps étranger. John-John la contemple longuement cherchant à percer le mystère de ce regard absent. Elle lui rappelle quelqu'un. Un faux air, mais de qui ? John-John s'approche de la bibliothèque pour passer la main sur les volumes qui la composent. Dupont possède toutes les premières éditions de Stendhal, Flaubert, Maupassant, Hugo. Son rayon des poètes est complet, qui démarre au XVIe siècle pour s'arrêter à l'issue de la Seconde Guerre mondiale.

Dupont n'a pas pu disparaître comme ça sans s'être ménagé une sortie spectaculaire. John-John renverse chaque tiroir. Le bureau, le secrétaire, les armoires, tout y passe, en vain. Il ne sait pas exactement ce qu'il cherche, mais il est persuadé que s'il y a un indice à découvrir, il doit être dissimulé dans cette pièce. Non loin de là, dans le salon, il entend Chrysostome remuer également des meubles, bouger des bibelots avec la délicatesse légendaire des forces de sécurité. Après une trentaine de minutes de fouille, John-John s'assied au bureau de Dupont. De là, il dispose d'une vue d'ensemble sur la vaste bibliothèque. Il reste de longues minutes assis, les yeux rivés sur les volumes. Puis il se lève d'un bond, s'approche à longues enjambées de la bibliothèque et entreprend, un à un, de faire tomber tous les livres au sol. Il a quasiment descendu un pan entier du mur quand un des volumes, une première édition en demi-basane racinée, laisse échapper de la cachette creusée dans son corps un objet noir de la taille d'un briquet. Il se penche pour s'en saisir. Il s'agit d'un micro-disque dur qu'il branche aussitôt sur le diffuseur multimédia de Dupont.

L'hologramme de Madeleine Magnificat apparaît sur-le-champ. La journaliste est assise sur un tabouret haut, pieds nus. Elle porte un short bleu roi dévoilant de belles jambes légèrement brunies par un soleil artificiel ainsi qu'un polo Lacoste blanc dont elle a relevé le col. Elle est resplendissante, pleine de vie.

Madeleine ignore qu'elle s'adresse à ceux qui lui survivent.

— *... J'ai bien progressé. J'ai la matière pour construire la trame de mon reportage. Il me restera quelques visites à effectuer. Bon, je suis allée de surprise en surprise avec GDM. Sacré phénomène, soit dit en passant...*

Madeleine Magnificat retrace alors le parcours de GDM depuis sa jeunesse jusqu'à la création du premier groupe de communication d'Europe en passant par sa prise de pouvoir à la présidence de Rennes métropole. L'angle du reportage biographique tire plutôt sur les ressorts psychologiques du personnage, Madeleine essayant de démontrer que la réussite de GDM provient des tout premiers lacets de son enfance. Persuadée qu'il est le pur produit de son environnement, elle tente d'expliquer que GDM le carnassier, le consommateur effréné de femmes cache un secret d'enfance suffisamment puissant pour expliquer l'homme dans sa totalité. Elle s'interrompt parfois, puis reprend après avoir trouvé le mot juste. Il s'agit vraisemblablement de la répétition de l'intervention qu'elle programmait sur les réseaux sociaux...

— Que faites-vous dans ce bazar, Séquoïa ? demande Chrysostome en pénétrant dans le bureau-bibliothèque. Il semble presque admiratif du carnage opéré par John-John.

Lorsqu'il voit l'hologramme de Madeleine Magnificat, fasciné, il s'approche de John-John pour regarder l'archive.

— Qu'est-ce que ça fiche ici ?

— Aucune idée.

Madeleine aborde à présent le fond de son propos.

— *... Après l'obtention de son diplôme d'ingénieur, GDM rompt tous les liens avec ses parents. Tout au long de sa vie, il prendra un soin méticuleux à faire disparaître sa famille entière de ses éléments biographiques. Aussi, aujourd'hui, je ne suis pas en mesure de vous dire avec certitude les identités du père et de la mère de GDM et ce qu'ils représentaient pour leur fils. Sans vouloir établir de comparaison hâtive et probablement déplacée, il me faut admettre que je n'ai jamais rencontré, chez un homme, un tel acharnement à effacer les traces de sa jeunesse.*

À ce stade de mon enquête, il me faut classer les personnes que j'ai rencontrées en deux catégories : celles qui doivent quelque chose à GDM et qui n'en diront jamais de mal tant qu'il sera puissant, et celles qui ne lui sont redevables de rien et qui sont très critiques à son endroit. Il est difficile, dans ces conditions, de se fonder une opinion qui doive un peu à la vérité.

L'holo-archive dure près de deux heures. Finalement, il ne contient guère de révélations. Le GDM réel, tel que Madeleine voulait le révéler, rejoint le GDM public, celui que tout le monde connaît. Le fondateur d'*UbiKus* est un prédateur qui, sa vie durant, a pratiqué la politique de la terre brûlée, comme l'y a invité son prénom et, en même temps, il fut un formidable bâtisseur. En réalité, Madeleine répond à certaines questions, mais ne parvient pas à entrer dans le cœur du réacteur. Pourquoi ne peut-on pas relier GDM à ses parents, à son fils Koubilaï et surtout à l'inconnue qui a enfanté le monstre. Madeleine est-elle morte pour rien, finalement ?

Un passage intrigue pourtant John-John. Il le visionne plusieurs fois. Madeleine évoque avec passion un homme dont elle a découvert l'existence sur un document oublié, une interview de jeunesse de GDM. Le magnat y loue sans retenue un certain Moreau qui aurait grandement participé à son édification intellectuelle. Ensuite, GDM ne le mentionne plus jamais, ayant définitivement tourné cette page affective comme il l'a fait pour tous ses proches. John-John se précipite vers la bibliothèque. Il ne trouve pas ce qu'il cherche parmi les livres encore rangés et se penche au sol pour parcourir fébrilement des yeux les titres de tous les ouvrages renversés. Enfin, il tombe sur celui qu'il cherche. Il l'ouvre à la première page et revient triomphant vers Chrysostome.

— Moreau, c'est le personnage central de *L'Éducation sentimentale* de Flaubert. Il m'en a lu un extrait un jour. Dupont est omniprésent ! C'est lui qui tire toutes les ficelles.

XXXVI

Cette fois-ci, Brandon Acid n'a pas eu le choix. Contraint par John-John, il accompagne son visiteur jusqu'au bureau de la nouvelle présidente d'*UbiKus*. Ils pénètrent dans une vaste salle dont les murs et le plafond semblent ruisseler de verre de toutes les couleurs. Disséminées à travers la pièce, les projections des plus célèbres hologrammes du monde se succèdent devant les visiteurs : pape, chefs d'État, stars diverses, gloires sportives forment une installation ingénieuse. Ils discourent lorsqu'on passe près d'eux, s'apostrophent, se sourient dans un jeu de rôle imaginé par un créateur coréen. Le large bureau d'Ultramarine Déko-Marcus, autrefois symbole de la toute-puissance de son père, est déserté. Le chef de la sécurité de la tour Élektra ouvre une porte enchâssée dans l'immense baie vitrée et le conduit, avant de s'éclipser, vers la monumentale terrasse qui mène jusqu'au *One Forest*. John-John se rappelle sa première venue ici. Il faisait nuit, cela grouillait de monde, et une atmosphère légère y régnait. À présent, on n'entend plus que le grondement de l'eau sautant des cascades. Il lève les yeux vers le cube depuis lequel Gengis Déko-Marcus a vanté l'étendue de son empire, puis confié à John-John la mission de pister et de débusquer les forces du mal. Sur la berge du fleuve, une silhouette assise sur un tronc d'arbre, le visage noyé dans sa chevelure, scrute l'eau qui coule paisiblement avant de rejoindre les tourbillons. John-John ne reconnaît pas Ultramarine. Est-ce bien elle ?

Il s'approche encore. La longue chevelure frémit et le visage qui la porte se relève. Elle tient à la main un papier et sourit tristement.

John-John a un pressentiment, rapidement suivi d'un choc. Enfin, la stupeur l'immobilise quand Ultramarine se tourne vers lui. Que sont devenus ces yeux bleu turquoise dans lesquels on se perdait ? Et cette grâce qui emportait tout ? Devant lui se tient désormais un monstre physique. Ultramarine se lève pour s'approcher de John-John. De multiples cicatrices s'aperçoivent sur des traits bouffis de graisse. Elle se lève et avance, la démarche pesante. Son regard fuyant ne permet pas à John-John de s'y accrocher. En dépit de son physique, John-John distingue encore celle qu'il a rencontrée au *One Forest*, celle avec qui il a échangé des holo-messages. Mais il reconnaît aussi la femme découverte sur les photos de Dupont. Quel âge a-t-elle ? 50 ans, 60 ans ? Parvenue à sa proximité, il se rend compte qu'elle est devenue plus petite, imperceptiblement plus petite.

— Qui êtes-vous ? finit-il par dire.

Les yeux déjà humides d'Ultramarine laissent couler des larmes qui creusent certains sillages sur son visage et mettent en évidence ses rides qui ne peuvent désormais plus être dissimulées.

— Qui suis-je ?

Elle a un petit rire qui se veut presque joyeux.

— Mais je suis votre amoureuse John-John. Vous me l'avez écrit, n'est-ce pas ? Tenez !

Elle lui tend la lettre de John-John. Il la saisit sans cesser de fixer Ultramarine.

— À présent, vous regrettez vos mots. Je le sens, vous vous sentez ridicule ? Pourtant, vous étiez sincère lorsque vous avez écrit ces jolies choses ?

John-John sort les photos qu'il a apportées.

— Je les ai trouvées chez Dupont ou Moreau comme vous préférez. On peut y reconnaître Koubilaï. Il est votre fils n'est-ce pas ? Racontez-moi tout Saïda.

Saïda de Nérac marque un temps d'arrêt. Ses traits se relâchent et John-John croit un instant qu'elle va s'effondrer. Mais elle inspire profondément.

— Ma vie n'est qu'une illusion. Elle est si misérable que j'essaie tous les jours de me réveiller en espérant que la journée d'avant et celles qui l'ont précédée n'ont jamais existé. Mon fils ? Quel fils ? On me l'a enlevé si tôt. J'ai tout sacrifié pour mon mari et par faiblesse, j'ai tout accepté de lui, même cet infanticide moral…

Ultramarine s'éloigne de lui, bouleversée. Il la suit pour s'asseoir à ses côtés, sur le banc du toit du monde. Ultramarine montre du doigt un point vers le sud.

— Gengis est là-bas, si loin, si bas. Il est redescendu de l'échelle qu'il avait mis tant de temps à gravir. C'est mon œuvre.

— Que vous-a-t-il fait pour que vous souhaitiez à ce point sa perte ?

— Gengis avait dix ans de plus que moi quand nous nous sommes rencontrés. Ses parents, des nomades de l'Est, avaient pris racine à l'endroit de l'actuelle Corne Rouge. Par quelle espèce de miracle a-t-il pu sortir de ce déterminisme ? Je ne connais pas toute l'histoire. Je sais qu'il a fait une rencontre essentielle à l'adolescence. Pilleur né, il écumait le centre-ville de Rennes à la recherche d'appartements bourgeois à visiter, quand il a croisé la route de Dupont, le fils de bonne famille qui s'est intéressé tout de suite à ce petit manouche vif et curieux, jusqu'au point de lui mettre le pied à l'étrier. Son mentor l'a tenu dans sa main pendant des années avant que Gengis ne s'affranchisse finalement de son paternalisme. Gengis avait un don et une croyance : il devinait l'avenir et il n'avait aucun doute sur ses capacités à se forger un destin. Avec ça, il pouvait conquérir le monde. Ce qu'il a fait. Quand je l'ai rencontré, il n'a vu en moi que le moyen de gravir un degré supplémentaire. J'avais un nom, et lui un alias. Il était beau et j'aimais ses épaules. On ne m'avait pas tellement convoitée jusque-là. Koubilaï est né. Son père s'en est désintéressé le jour suivant sa venue au monde et n'est revenu vers lui que bien plus tard, juste pour s'en débarrasser complètement. Et je n'ai pas résisté. J'ai été faible, immensément faible, parce que je n'ai jamais attendu qu'une chose durant toutes ces années, que Gengis s'intéresse un peu à moi.

Ultramarine baisse le visage pour laisser tomber quelques cheveux sur ses yeux dans une tentative maladroite de dissimuler un peu de sa laideur.

— Mais il n'a eu de cesse de m'humilier. Il m'a même accusée d'avoir abandonné notre fils. À côté de cela, Gengis, pirate dans l'âme, a continué de piller. Mais cette fois-ci, il a sévi parmi ses camarades ingénieurs. Les techniques de l'hologramme de masse ne sont pas de lui, il a simplement eu le génie de l'assemblage et celui de vendre l'idée au monde entier. On ne peut pas lui ôter ça ; il a réussi une révolution à lui tout seul. Au cours de ces années, je l'ai regardé monter, monter si haut que j'ai disparu de sa vue. Et puis, le succès a révélé ce qu'il y avait de pire en lui. Mégalomane, narcissique… Un pur salaud ainsi que je vous l'ai déjà dit…

Elle s'arrête un instant de parler. Se rend-elle compte que la folie de son amant a déteint sur elle ?

— Et Koubilaï ?

Son visage se durcit aussitôt. Elle embrasse du regard la vaste forêt qui s'étend à ses pieds et de laquelle émergent quelques blocs de béton émanant des bâtiments non végétalisés.

— Gengis a très vite réalisé que notre fils ne tournait pas rond. Je pense qu'il a voulu l'éloigner pour cette raison, car il en avait peur et puis il voulait présenter une image lisse, sans accroc. Il ne souhaitait pas qu'on lui connaisse des faiblesses. Koubilaï a fait preuve d'une précocité inquiétante en matière de cruauté. Pour cela, moi aussi je le craignais. Il était tellement exigeant avec les autres, si exclusif, que cela en était physiquement éprouvant.

— Vous vous en êtes débarrassé ?

— Ce n'est pas le terme. Je ne pouvais pas fuir, je n'en avais pas la force. Mais je n'ai pas eu à me poser la question, Gengis s'en est chargé. Je crois que c'est le dernier service qu'a rendu Dupont à son ancien protégé. Il l'a emmené le jour de ses 5 ans.

— 5 ans ! répète John-John, stupéfait.

— Ne me jugez pas.

— Où l'a-t-il emmené ? questionne-t-il avec impatience.

— Dans un orphelinat.

John-John sent son sang se glacer.

– À Lamballe ? demande-t-il en connaissant déjà la réponse.

— Comment le savez-vous ?

Ainsi, Koubilaï a fréquenté le même établissement que lui. Peut-être même qu'ils s'y sont côtoyés, qu'ils ont été de petits camarades innocents. D'après ce que John-John a pu constater au cimetière, ils devaient avoir sensiblement le même âge. Rien n'est fortuit, John-John a désormais la certitude que Dupont a croisé le jeune pensionnaire Séquoïa lors de ses visites à l'orphelinat et que depuis, il ne l'a sans doute jamais perdu de vue. C'est la raison pour laquelle il a choisi John-John comme parrain.

John-John rumine un long moment sa découverte tandis qu'Ultramarine se perd dans ses souvenirs et sa tristesse de mère défaillante et de femme humiliée.

— Et vous Ultramarine, quel est votre rôle dans cette histoire ? finit-il par demander.

— Gengis a effacé tout ce qui a été témoin de son ascension. Comme il l'a fait pour Dupont et pour Koubilaï, il a réglé mon problème. Je n'ai jamais existé. Il m'a envoyé à Noirmoutier où j'ai eu le temps de ressasser mon histoire et de commencer à le haïr. Et puis, il y a quelques années de cela, Dupont est venu en voisin frapper à ma porte. Il savait tout de moi. Petit à petit, nous avons sympathisé et notre relation s'est rapidement centrée sur la haine commune que nous nourrissions pour Gengis Déko-Marcus. J'ai vite compris qu'il avait un dessein et que son irruption dans ma vie répondait à un plan. Il voulait faire tomber GDM, provoquer sa chute. Gengis venait d'être élu à la tête de la métropole et cet événement a constitué l'élément déclencheur pour Dupont. Il a décidé de m'amener avec lui et il m'a hébergée à Rennes.

— Et il vous a exposé son plan.

— Je devais revenir dans le jeu, dire à Gengis que s'il refusait mes conditions, je révélerai mon existence et celle de Koubilaï à la presse. Koubilaï n'a aucune existence légale. Son père avait réussi, grâce à son entregent et à ses moyens financiers, le tour de force d'annihiler sa présence sur terre. Koubilaï n'apparaît dans aucun fichier. Cela aurait constitué un scandale retentissant. Finalement, il n'a pas eu le choix. GDM a tout accepté même le fait que je sois son prête-nom à la tête d'*UbiKus*.

— Pourquoi vous faire passer pour sa fille ?

— Croyez-vous que je sois assez folle pour avoir imaginé une telle aberration ? C'est Gengis qui me l'a imposé comme seule condition à ma réapparition. Il voulait quelqu'un de jeune et de beau. Mon contraire en somme. Et puis, cela lui donnait l'occasion de m'humilier une fois de plus.

— N'êtes-vous jamais apparue autrement que par le biais de votre hologramme ?

— Là encore, c'était une tricherie. Comme vous le savez, la réglementation impose qu'un hologramme soit la représentation d'un être réel. Techniquement et juridiquement, personne ne peut se cacher derrière un hologramme différent de sa représentation, sauf dans le cas des réseaux très réglementés qui proposent des avatars. Mais Gengis a contourné la réglementation en créant un hologramme sur la base de sa femme idéale.

— Quel était le plan de Dupont ?

— Attaquer Gengis sur tous les fronts et faire tomber son empire comme un château de cartes. Je ne suis pas au courant de tout ce qu'il a entrepris. Je sais simplement qu'il avait des relais un peu partout et qu'il ne lui a pas été difficile de manipuler certains esprits fragiles ou en mal d'action. Quelque part, lui aussi est un être démoniaque peut-être davantage que Gengis. Je pense d'ailleurs qu'il n'est pas pour rien dans l'édification de sa pensée machiavélique.

— Avez-vous revu votre fils ?

— Jamais. Gengis a menti à Dupont quand il lui a confié Koubilaï. Il lui a dit que j'étais morte et enterrée à Karroux, où les Nérac avaient leur propriété. Dupont a évidemment compris la supercherie lorsqu'il m'a retrouvée à Noirmoutier. Mais je crois qu'il ne l'a jamais dit à Koubi.

— Quand avez-vous compris que votre fils était à l'origine des meurtres de Madeleine Magnificat et d'Iso-Yellow Kardec ?

— Je ne l'ai su qu'après. Sous l'apparence d'Ultramarine, j'avais croisé Madeleine Magnificat. Elle cherchait ma compagnie pour comprendre GDM. Il me semble qu'elle savait que Dupont et Moreau étaient une seule et unique personne et elle n'aurait pas manqué de remonter à Koubilaï et à moi. Madeleine Magnificat et Iso-Yellow Kardec ont voleté autour de Gengis comme les papillons devant les phares d'une voiture. Je savais qu'elles s'y brûleraient les ailes. Dupont leur a envoyé Koubilaï en sachant exactement ce qui allait arriver aux pauvres filles.

— Dupont vous a-t-il dit que son plan d'actions contre GDM prévoyait des meurtres sadiques ?

Elle détourne le regard, submergée par la honte. John-John se lève.

— Je préfère vous l'apprendre. Votre fils Koubilaï s'est pendu après avoir réalisé que votre tombe était vide. Finalement, Dupont n'aimait personne, pas même votre fils. Il a entretenu votre souvenir auprès de Koubilaï et après l'avoir transformé en tueur, il a décidé de jouer avec ses sentiments profonds en l'envoyant vers un leurre. Le choc psychologique voulu par Dupont a très bien fonctionné. Le petit orphelin abandonné par sa mère, méprisé par son père, a laissé remonter en lui une vie d'abandon, de tromperies.

Sans un mot, Ultramarine enfouit son visage dans ses longs cheveux.

XXXVII

John-John parcourt le trajet entre la tour Élektra et son domicile en courant, le cœur battant, distrayant par l'effort physique les pensées terribles qui ne demandent qu'à le coloniser. Au pied de son immeuble, le dos contre le lierre, il écoute longuement son corps redescendre avant d'envoyer une transmission à Chrysostome pour lui donner le témoignage qu'il vient de recueillir. Arrivé chez lui, il se douche longuement comme si la crasse accumulée dans son cerveau allait partir avec l'eau, puis il sort sur la terrasse. À l'ouest, l'imposante tour Élektra, masse oblongue et végétale, écrase la métropole de sa hauteur. On discerne grâce aux reflets du soleil sur lui, l'ancien refuge de verre de GDM. Y remettra-t-il un jour les pieds. Qu'adviendra-t-il d'Ultramarine ? En la quittant, il l'a plainte. C'est tout ce qu'il put ressentir à son égard. Une légère pitié. Elle a été si peu aimée que son cœur, finalement, s'est empli d'un acide qui ne pouvait que la ronger.

Un signal se fait entendre. John-John l'accepte et voit apparaître Dupont dans une transmission enregistrée. Assis au pied d'un arbre, un duffle-coat sur les épaules et une canne entre les jambes, il s'exprime avec difficulté, environné d'une brume qui passe en filets blancs devant lui. Malgré la lumière du soleil qui éclabousse tout le pays, il semble que les derniers nuages aient suivi l'âme noire du vieil homme.

— Bonjour, jeune Séquoïa. Alpha Dupont vient vers toi le cœur léger. J'imagine qu'en ce moment très précis, tu vogues de sentiment en sentiment. Tu es surpris, étonné, en colère. L'incompréhension et le sentiment de trahison ne sont pas loin de te soulever le cœur. J'ai toujours aimé les gens venus de nulle part comme toi, comme Gengis, comme Koubilaï, le dernier des derniers, que j'ai surnommé Oméga sans qu'il en comprenne la raison. Ils sont tellement faciles à impressionner, à bousculer, à manipuler. Mes trois petites créatures. Comme j'ai aimé jouer avec vous ! Tiens, je dois même avoir une photo de toi et d'Oméga prise à l'orphelinat. Deux petits chiots battus à l'œil triste ! As-tu déjà vu l'un de ces vieux films dans lequel le méchant, avant d'expirer dans une lente agonie, doit justifier l'origine du mal qui l'anime ? Peut-on n'avoir aucun mobile dans sa quête du malheur des autres ? J'ai longtemps réfléchi à cette question. Je vais te livrer ma vérité John-John. Tu n'imagines pas à quel point je souhaite la fin de cette humanité. Moi qui ai toujours souhaité vivre dans un roman du XIXe siècle, je me trouve depuis plus de trente ans dans un de ces exécrables bouquins de science-fiction. Comprendras-tu un jour le dégoût profond qui m'a saisi lorsque j'ai réalisé quel tournant prenaient nos sociétés avec l'abrutissement généralisé issu des réseaux sociaux, la propagation de la communication virtuelle, le narcissisme pur… Progressivement, comme un poison à effet lent, le dégoût, la colère, puis la haine se sont instillés en moi. Rien ne trouvait plus grâce à mes yeux. La politique, les mouvements de société, la littérature, l'art en général, tout me paraissait corrompu par la facilité et la démagogie. L'acceptation généralisée d'un mode de vie faisant de l'individu un territoire sacré et tout-puissant, un monde en soi au détriment des aventures collectives, a fini de m'achever.

Voilà le mobile. En ce qui concerne les moyens, je ne te cache pas que j'aurais eu beaucoup de plaisir à appuyer sur un petit bouton déclenchant le tonnerre nucléaire. Ça n'a pas été possible, alors j'ai dû me contenter de briser quelques vies ici et là. Vois-tu, je m'en rends compte aujourd'hui mais la ruine de GDM ne m'apporte pas autant de plaisir que je l'avais escompté. À l'heure où je parle, je viens de sortir brutalement de cette illusion dont je me suis bercé si longtemps. Un GDM de plus ou de moins… L'élan vers la médiocrité restera universel. Avec ma grande imagination, ma petite volonté, et une dose utile de haine, j'ai cru pouvoir changer un peu le monde, faire comprendre à quel point des hommes comme Gengis sont des plaies qui souillent tout ce qu'ils touchent. Il a fait de votre génération, de celle d'avant et des dix à venir, un troupeau narcissique, acculturé, satisfait de si peu, que c'en est effrayant.

Comme tu semblais souffrir quand je te lisais deux pages de nos vieux auteurs !

Voilà petit orphelin ! Je suis tout simplement mauvais comme ceux que l'amour a oubliés depuis trop longtemps. Mais j'aimerais avoir droit à ma légende noire. M'y aideras-tu ? Je te fais le légataire universel de mon œuvre vécue. À toi de la fantasmer, de la noircir, c'est tout ce que je te demande. Tu me dois bien ça. Après tout, le jeu aurait pu continuer longtemps si je ne t'avais pas envoyé à la rencontre de mon petit protégé dans Karroux. Le pauvre, il a tellement pleuré sur l'absence de sa mère. Je l'ai tenu avec ça et puis avec d'autres petits bouts de ficelle aussi. Mais enfin, je le croyais plus solide, il n'a pas supporté de voir le spectacle d'une tombe vide. Cela devait ressembler furieusement à sa propre vie.

À présent, mon paradis m'attend. Quand tu auras pris connaissance de ce foutu message hologrammique comme on dit, j'aurais quitté ce monde tellement laid que je comprends à peine comment j'ai eu le courage de le supporter aussi longtemps.

Finalement, mon dernier plaisir aura été de haïr vite et bien.

Personnages principaux

Abdouchasmarov
Caïd de la Corne Rouge.

Aurora Kraft
Cheffe de la communication de GDM.

Brandon Acid
Chef de la sécurité de la tour Élektra.

Brenda Karkowitch
Lieutenante, PJ.

Charles-Amédée de l'Herbéchère
Concierge de Madeleine Magnificat.

Contrôleur général Ramirez
Chef de la PJ métropolitaine.

Dupont
Filleul de John-John Séquoïa.

Freddy-Py dit Freddy le Margouillat
Dealer.

Gary Edelstein
Gourou, fondateur du phalanstère *No Toxine*.

Gengis Déko-Markus dit GDM
Fondateur d'*UbiKus*, homme politique.

Inès Chumpi
Pasionaria, tête pensante de la cellule de hackers *Bad Lot*.

Irving Capel
Technicien, PJ.

Iso-Yellow Kardec
Ancienne petite amie de John-John Séquoïa.

Jean-Moktar Mahmouti
Technicien, police judiciaire.

John-John Séquoïa
Créateur de l'agence de pistage *J.-J. Séquoïa.*

Kévin Tixier
Voisin de Madeleine Magnificat.

Madeleine Magnificat
Journaliste à *La Vigie.*

Napoléon Chrysostome
Lieutenant, police judiciaire.

Salomon Bolo
Meilleur pisteur de l'agence créée par John-John Séquoïa.

Steigerhout
Contact de Freddy-Py dans la Corne Rouge.

Térébenthine M'Ba
Cyber-documentaliste, PJ.

Titus Némus
Journaliste à *La Vigie.*

Ultramarine Déko-Markus
Fille de GDM.

Wenceslace
Adolescente, voisine de John-John Séquoïa.

Youri Golkoff
Terroriste crypto-anarchiste.

Lieux principaux

Coginet
Entreprise de propreté de la métropole.

Élektra
Siège du groupe *UbiKus*.

La Corne Rouge
Bidonville de la métropole.

Personae
Fichier recensant toutes les rencontres humaines d'un individu dans sa vie.

***Smart Flirt Wire* (SFW)**
Réseau de rencontres virtuel.

La Vigie
Journal virtuel satirique commentant l'actualité de la métropole.

UbiKus
Groupe de communication tentaculaire fondé par GDM.

Je remercie mes attentifs primo-lecteurs
Laurence Lemoine-Goyard et Valéry Der-Sarkissian.

Éditions **OUEST-FRANCE**
Rennes

Éditeur Hervé Chirault
Coordination éditoriale Isabelle Rousseau
Conception graphique et mise en page
Studio graphique des Éditions Ouest-France
Mise en page Cécile Gibbes
Photogravure Graph&Ti, Rennes (35)
Impression Sepec Numérique, Péronnas (01960)

Édilarge SA, Rennes
ISBN : 978-2-7373-8598-8
Dépôt légal : novembre 2021
N° d'éditeur : 10693.01.35.11.21
Imprimé en France
www.editionsouestfrance.fr

IMPRIM'VERT®

PEFC™
10-31-3532

Certifié PEFC

Ce produit est issu de
forêts gérées durablement
et de sources contrôlées

www.pefc-france.org